倒産手続と担保権

全国倒産処理弁護士ネットワーク
［編］

社団法人 金融財政事情研究会

はじめに

　担保は、与信の回収を確保するべく取得されるものであるが、それが最も機能を発揮するのは、与信先が倒産した場合である。しかし、与信先の資産に抵当権を設定していても、相手方に開始される倒産手続（破産、民事再生、会社更生、特別清算）のいかんによって、その実際上の効力は大きく異なる。

　抵当権を例にとれば、相手方に破産手続が開始された場合、抵当権は別除権として破産手続に関係なく実行することができ、中止命令（破産法24条）の対象にもならない。他方、破産管財人には自助売却権（同法184条2項）が認められ、抵当権者の換価時期選択権は制限される。ところが、相手方に再生手続が開始された場合、抵当権は別除権として再生手続に関係なく実行することができるが、中止命令の対象とされている（民事再生法31条）。しかし、破産手続と異なり、再生債務者には自助売却権は認められていない。また、相手方に会社更生手続が開始された場合には、抵当権は、更生担保権として、更生手続中は、その権利の行使が全面的に制約される。

　また、各倒産手続において、担保権消滅請求制度が設けられたが、破産手続における同制度（破産法186条以下）は、破産管財人による担保目的物の任意売却に伴うものであるのに対し、民事再生手続における同制度（民事再生法148条以下）は、再生債務者の事業の継続のために不可欠な資産につき、担保権の制約から解放すべく認められたものである。そして、会社更生手続における同制度（会社更生法104条以下）は、営業譲渡や遊休資産の売却等、更生会社の事業の更生のために必要な場合に認められる制度である。このように、同じ「担保権消滅請求」との用語が用いられながら、その制度目的は全く異なり、また、担保権消滅の対価として裁判所に納付された金銭の処理も、破産手続、民事再生手続では配当が実施される（破産法191条、民事再生法153条）のに対し、会社更生手続では、更生計画が認可されると管財人に交付される（会社更生法109条）など、その内容も異なっている。

　実務上用いられている各種担保の機能や効用を理解するには、それらの各種担保が、各種倒産手続においてどのように取り扱われ、機能するのかを知

ることが不可欠である。これまで、各倒産手続ごとに各種担保権との関係が論じられることは多々あったものの、各種担保権の視点から各倒産手続を横断的に検討するとの試みはあまりなされてこなかった。

　ところで、全国倒産処理弁護士ネットワーク（全倒ネット）は、全国各地で倒産事件処理に取り組む弁護士が、相互の情報交換と研鑽を通じ、自らの力を伸ばすとともに、倒産事件の適正、迅速な処理に資する人材の育成等を目的として平成14年に組織された緩やかな組織体であって、その会員は全都道府県に及び、平成18年9月現在で1371名を数えている。

　金融法務事情編集部では、平成17年6月に成立した会社法中の特別清算制度の改正によって、平成8年以来の一連の倒産法制の改正作業が一区切りついたことを機に、各種の担保権につき、その担保権の観点から、各倒産手続との関係について、実務的な視点を踏まえつつ解説する論稿を金融法務事情に連載する企画を立てられて、全倒ネットにその協力を求められた。

　全倒ネットでは、同企画は、全倒ネットの趣旨に沿うものとして、喜んでお引受けし、そのメンバーによって、金融法務事情1747号から1766号まで、合計13回にわたって連載された。

　本書は、読者の理解の便宜のために、その連載稿をまとめて一冊の書籍にすることとし、また、同誌連載以降の学説や裁判例ならびに実務の動きを踏まえて、各原稿を補正するとともに、各項目に、「実務上の留意点」を記載して、より実務に携わる各位の日常の業務への便宜を図ることとしたものである。

　実務に携わる各位において、本書を有効に活用して頂けることを願うものである。

平成18年10月
全国倒産処理弁護士ネットワーク
理事長
弁護士　田　原　睦　夫

● 目　　次 ●

はじめに …………………………………………………………………… i

第 1 部
各種倒産手続と担保権

各種倒産手続と担保権の取扱い──概論──　　田原睦夫　2

1　はじめに ……………………………………………………………… 2
2　抵当権 ………………………………………………………………… 3
　（1）破産　3
　（2）民事再生　4
　（3）会社更生　5
　（4）特別清算　6
3　根抵当権 ……………………………………………………………… 7
　（1）破産　7
　（2）民事再生　8
　（3）会社更生　8
　（4）特別清算　9
4　質権 …………………………………………………………………… 9
　（1）破産　9
　（2）民事再生　10
　（3）会社更生　10
　（4）特別清算　10
5　先取特権 ……………………………………………………………… 10
　（1）一般先取特権　10
　（2）動産先取特権　11
6　留置権 ………………………………………………………………… 12

　　　　（1）破産　12

　　　　（2）民事再生　12

　　　　（3）会社更生　12

　　　　（4）特別清算　13

　　7　担保権消滅請求 ……………………………………………………… 13

　　　　（1）破産　13

　　　　（2）民事再生　15

　　　　（3）会社更生　16

　　8　非典型担保 …………………………………………………………… 17

　　　　（1）譲渡担保　18

　　　　（2）所有権留保　18

　　　　（3）リース契約　19

　　9　おわりに …………………………………………………………… 19

第2部
倒産手続における担保権の処遇

① 抵当権（1）破産，民事再生における別除権としての取扱い
　　　　　　　　　　　　　　　　　入谷正章／佐藤昌巳　22

　　1　はじめに …………………………………………………………… 22

　　2　破産 ………………………………………………………………… 22

　　　　（1）別除権の内容，行使　22

　　　　（2）別除権者の破産手続参加　25

　　3　民事再生 …………………………………………………………… 29

　　　　（1）別除権の内容，行使　29

　　　　（2）別除権者の民事再生手続参加　30

　　4　実務上の留意点 …………………………………………………… 32

　　　　（1）不動産の任意売却―破産　32

　　　　（2）不動産の放棄―破産　33

　　　　（3）別除権協定―民事再生　34

② **抵当権（2）物上代位の取扱い　　矢吹徹雄　35**
  1　はじめに …………………………………………………… 35
  2　物上代位における論点と現状 …………………………… 35
  3　賃料に対する物上代位に関する判例の概観 …………… 36
  4　破産と物上代位 …………………………………………… 41
  5　民事再生 …………………………………………………… 43
  6　会社更生手続 ……………………………………………… 43
  7　実務上の留意点 …………………………………………… 44

③ **抵当権（3）会社更生における更生担保権としての取扱い**
              森川和彦　49
  1　はじめに …………………………………………………… 49
  2　更生担保権 ………………………………………………… 49
  3　更生手続参加 ……………………………………………… 52
   （1）届出と失権　52
   （2）債権調査　52
   （3）更生債権等査定決定　53
   （4）更生債権等査定異議の訴え　54
   （5）担保権の目的である財産の価額の決定　54
   （6）共通する目的物に設定された複数の抵当権　55
  4　更生計画に基づく弁済 …………………………………… 57
  5　実務上の留意点 …………………………………………… 58

④ **根抵当権（1）極度額の問題　　須藤　力　60**
  1　はじめに …………………………………………………… 60
  2　破産手続における根抵当権の極度額 …………………… 60
  3　民事再生手続における根抵当権の極度額 ………………62
  4　会社更生手続における根抵当権の極度額 ……………… 63
  5　実務上の留意点 …………………………………………… 65
   （1）破産について　65
   （2）民事再生について　65

　　　　（3）会社更生法について　65

5　根抵当権（2）根抵当権の元本の確定をめぐる諸問題
　　　　　　　　　　　　　　　　　　　　　中井康之　67
　　1　はじめに …………………………………………………… 67
　　2　破産手続 …………………………………………………… 67
　　　　（1）破産手続開始と根抵当権の元本の確定　67
　　　　（2）根抵当権の被担保債権の範囲　68
　　　　（3）保証人等の代位弁済　69
　　3　再生手続 …………………………………………………… 69
　　　　（1）再生手続開始と元本確定　69
　　　　（2）根抵当権の実行　70
　　　　（3）別除権協定による弁済　70
　　　　（4）被担保債権の範囲　71
　　　　（5）再生計画に基づく弁済　72
　　　　（6）保証人等の代位弁済　73
　　4　更生手続 …………………………………………………… 73
　　　　（1）更生手続開始と元本確定　73
　　　　（2）根抵当権の実行　74
　　　　（3）更生担保権の額　75
　　　　（4）被担保債権の範囲　76
　　　　（5）更生計画による権利変更と更生計画に基づく弁済との関係　77
　　　　（6）保証人等の代位弁済　79

6　質権——債権質，根質を中心に——　黒木和彰　81
　　1　はじめに …………………………………………………… 81
　　2　債権質の効力発生要件に関する民法の改正 …………… 82
　　3　債権質の対抗要件 ………………………………………… 82
　　　　（1）動産・債権譲渡特例法による対抗要件　82
　　　　（2）動産・債権譲渡特例法の改正と倒産手続　83
　　4　債権質の効力と倒産手続 ………………………………… 84

（1）債権質の対象債権による倒産手続の申立ての可否　84
　　　（2）倒産手続における債権質の効力　84
　　　（3）火災保険に対する質権設定　84
　　　（4）破産管財人の質権設定者の義務の承継　85
　　5　根債権質の被担保債権額の確定 …………………………………… 86
　　　（1）破産手続　86
　　　（2）民事再生手続　86
　　　（3）会社更生手続　87
　　6　質権対象債権に関する問題（特に将来債権）……………………… 87
　　　（1）問題の所在　87
　　　（2）破産手続　88
　　　（3）民事再生手続　89
　　　（4）会社更生手続　91
　　7　実務上の留意点 ……………………………………………………… 92

7　先取特権　　那須克巳　94
　　1　はじめに ……………………………………………………………… 94
　　2　問題の所在 …………………………………………………………… 95
　　3　動産売買先取特権の行使方法 ……………………………………… 95
　　　（1）平成15年改正前の民事執行法　95
　　　（2）民事執行法の改正　96
　　　（3）担保権の存在を証明する文書　96
　　　（4）執行官の捜索・差押え　97
　　4　判例 …………………………………………………………………… 97
　　　（1）動産売買先取特権と否認権　97
　　　（2）動産売買先取特権の物上代位における「差押え」の趣旨　99
　　5　実務上の問題および倒産手続における取扱い ………………… 100
　　　（1）実務上の問題　100
　　　（2）判例の検討　101
　　　（3）倒産手続における取扱い　101

6　債権者の立場から見た実務上の留意点 …………… 102
　　　（1）動産売買先取特権の実行　102
　　　（2）債務者あるいは第三債務者の協力の取得　103
　　　（3）取引の継続を前提とした交渉　104

⑧　留置権　　小林信明　106
　　1　はじめに ……………………………………………… 106
　　2　留置権の概要 ………………………………………… 107
　　　（1）留置権とは　107
　　　（2）倒産に至らない場合の取扱い　107
　　3　破産における取扱い ………………………………… 108
　　　（1）民事留置権　108
　　　（2）商事留置権　109
　　　（3）商事留置権消滅請求　111
　　4　民事再生における取扱い …………………………… 112
　　　（1）民事留置権　112
　　　（2）商事留置権　113
　　　（3）担保権消滅請求　114
　　5　会社更生における取扱い …………………………… 114
　　　（1）民事留置権　114
　　　（2）商事留置権　115
　　　（3）消滅請求　115
　　6　商事留置権の取扱いが具体的に問題となる事例 …… 116
　　　（1）手形上の商事留置権　116
　　　（2）不動産に対する商事留置権　118
　　7　実務上の留意点 ……………………………………… 119
　　　（1）留置権の権利関係の複雑さ　119
　　　（2）手形上の商事留置権　120
　　　（3）不動産に対する商事留置権　121

⑨　担保権消滅請求（1）民事再生，会社更生　　馬杉栄一　123

1　はじめに ………………………………………………………… 123
　　　2　民事再生法における担保権消滅請求制度 ……………………… 123
　　　　（1）民事再生法における担保権消滅請求制度の位置付け　123
　　　　（2）担保権消滅請求制度の立法経緯　124
　　　　（3）担保権消滅請求制度の概要　124
　　　　（4）担保権消滅請求をめぐる諸問題　126
　　　　（5）担保権消滅請求制度の運用状況　129
　　　3　会社更生法における担保権消滅請求制度 ……………………… 130
　　　　（1）会社更生法改正における担保権消滅請求制度の新設　130
　　　　（2）担保権消滅請求制度の概要　132
　　　4　実務上の留意点 ………………………………………………… 136

⑩　担保権消滅請求（2）破産　　多比羅誠　141
　　　1　はじめに ………………………………………………………… 141
　　　2　担保権消滅請求の手続 ………………………………………… 142
　　　　（1）担保権消滅の許可の申立て　142
　　　　（2）事前協議　142
　　　　（3）担保権消滅許可の申立書　142
　　　　（4）申立書の添付書面　142
　　　　（5）担保権者への送達　142
　　　　（6）担保権の実行の申立て（担保権者の対抗手段その1）　142
　　　　（7）担保権者の買受けの申出（担保権者の対抗手段その2）　143
　　　　（8）担保権消滅の不許可決定　143
　　　　（9）担保権消滅の許可決定　143
　　　　（10）金銭の納付　143
　　　　（11）配当等の実施　144
　　　3　不動産売買契約の特徴 ………………………………………… 144
　　　4　売得金 …………………………………………………………… 144
　　　5　売買契約の締結・履行の費用 ………………………………… 145
　　　6　担保権消滅許可における任意売買と融資 …………………… 149

　　　　（1）融資金融機関のリスク　149
　　　　（2）民事執行法の定め　150
　　　　（3）担保権消滅許可における融資のスキーム　151
　　7　実務上の留意点——担保権の実行 …………………………………… 153

11 非典型担保（1）ファイナンス・リース
　　　　　片山英二／中村　閑　156
　　1　はじめに …………………………………………………………………… 156
　　2　リース契約の種類 ………………………………………………………… 156
　　　　（1）ファイナンス・リース（フルペイアウト方式）　156
　　　　（2）オペレーティング・リース　157
　　3　ファイナンス・リースの法的性質 ……………………………………… 157
　　　　（1）法的性質　157
　　　　（2）リース契約の担保目的物　158
　　4　各倒産手続における処遇 ………………………………………………… 159
　　　　（1）会社更生手続　159
　　　　（2）民事再生手続　162
　　　　（3）破産手続　165
　　　　（4）特別清算　165
　　5　実務上の留意点 …………………………………………………………… 166

12 非典型担保（2）譲渡担保，所有権留保　　籠池信宏　170
　　1　はじめに …………………………………………………………………… 170
　　2　譲渡担保 …………………………………………………………………… 170
　　　　（1）別除権・更生担保権としての処遇　170
　　　　（2）実行方法　171
　　　　（3）実行手続の終了時点　171
　　3　所有権留保 ………………………………………………………………… 172
　　　　（1）別除権・更生担保権としての処遇　172
　　　　（2）所有権留保売買に対する双方未履行双務契約の規定の適用の有
　　　　　　　無　172

（3）実行方法・実行手続の終了時点　172
　4　各倒産手続における譲渡担保等の取扱い ……………………　172
　　　（1）会社更生手続　172
　　　（2）民事再生手続　174
　　　（3）破産手続　175
　　　（4）特別清算手続　176
　5　集合動産譲渡担保の倒産手続上の取扱い ……………………　177
　　　（1）集合動産譲渡担保の概要　177
　　　（2）集合動産譲渡担保権の実行方法—集合物の固定化　177
　　　（3）倒産手続における集合動産譲渡担保の実務上の取扱い　178
　6　集合債権譲渡担保の倒産手続上の取扱い ……………………　178
　　　（1）集合債権譲渡担保の方式と否認リスク　178
　　　（2）平成17年の動産・債権譲渡特例法の主な改正点　179
　　　（3）集合債権譲渡担保の会社更生手続上の取扱い　180
　　　（4）集合債権譲渡担保の会社更生手続以外の倒産手続上の取扱い
　　　　　181
　7　実務上の留意点 ………………………………………………　182
　　　（1）目的物の特定等　182
　　　（2）真正譲渡性　183
　　　（3）管財人等との交渉　183

条文索引……………………………………………………………………191
判例索引……………………………………………………………………193

凡　例

1. 判決（決定）の略記

    次のように略記しました。

    名古屋高裁決定平成7年3月8日金融法務事情1415号38頁
    ⇒名古屋高決平7.3.8金法1415号38頁

2. 主な判例集、法律雑誌の略記方法

《判例集》

民集　　最高裁判所民事判例集

《法律雑誌》

金　法←金融法務事情

判　時←判例時報

判　タ←判例タイムズ

ジュリ←ジュリスト

金　商←金融・商事判例

第1部

各種倒産手続と担保権

各種倒産手続と担保権の取扱い─概論─

弁護士　田原睦夫

1　はじめに

　各種担保権は、それらが単独で本来の実行手続により行使される場面よりも、各種倒産手続の中でその効力が主張され、債務者や破産管財人、更生管財人等との間で、権利の調整が図られることの方が多い（注1）。そこで、各種担保権の機能を検討するにあたっても、それが各種倒産手続の関係においていかに取り扱われるかを見ることが重要である。

　かつては、倒産手続として、破産、特別清算、和議、会社整理、会社更生と5つの手続があり、それに関連する法律を称して倒産五法と呼ばれていた（注2）。それらの法律は、制定された時代の背景があり、例えば手続申立てに伴う担保権実行手続の中止についても、和議や会社整理ではその規定を欠くなど、一つの倒産法体系として統一された体系を構築されていなかった。

　平成8年から始まり、平成17年6月の特別清算をも含む会社法の制定に至る一連の倒産法制改正の中で、民事再生法の制定に伴って和議法が廃止され、また、平成17年6月の会社法の制定により会社整理の手続が廃止され、倒産手続は、清算型では破産と特別清算、再建型では民事再生と会社更生の4種類に整理された。これら一連の改正により、担保権の取扱いについても、従前解釈が分かれていたところにつき立法的解決が図られたほか、また、その内容はそれぞれ異なるものの、担保権消滅請求制度が破産法（186条以下）、民事再生法（148条以下）、会社更生法（104条以下）に導入され、根抵当権者の弁済（配当）手続参加の規定が民事再生手続（民事再生法160条2項、165条2項）および破産手続（破産法196条3項、198条4項）に定められるなど、いくつかの大きな改正がなされ、担保権の種類に応じた整理がなされた。しか

し、担保権は、民事再生、破産、特別清算の各手続においては別除権であり、会社更生手続においては更生担保権であるという基本的枠組みには変更はない。また、一連の倒産法改正作業では、譲渡担保等非典型担保の取扱いについても種々検討が加えられたが（注3）、結局誰からも異論のなかった旧破産法88条、旧会社更生法63条の削除以外は、何らの規定も設けられず、従前通り解釈に委ねられることとなった。

以下に、一連の倒産法改正を踏まえ、各担保権と各種倒産手続との関係につき概説するが、その詳細については、各種担保権に係る各項目によられたい。

2 抵当権

抵当権は、実務上最も基本的な担保権であるが、各種倒産手続により、手続上の制約が課せられ、あるいは実体法上の効力が変容される。

(1) 破　産

a　別除権

抵当権は、別除権であり、破産手続によることなく原則として自由に行使することができ（破産法65条1項）、また、物上代位権の行使として目的物の賃料等を差し押さえることができる。他の倒産手続では、倒産手続開始申立てに伴う、抵当権実行手続の中止の制度（民事再生法31条1項等）があるが、清算手続たる破産手続では、抵当権の実行は中止命令の対象外である（破産法24条）。

破産管財人は、抵当権者が抵当権を実行せず、他方、管理コストの負担が破産財団に影響を与えるような場合には、目的物を民事執行法等の規定に従って換価することができる（自助売却権）（破産法184条2項）。この換価は、配当剰余金が生じる見込みがない場合であっても実行することができる（同条3項、民事執行法63条、129条）。また、破産管財人は、抵当権が存続したまま目的物を売却することもできる（破産法65条2項）。その場合、その買受人により抵当権消滅請求（民法379条以下）が採られるおそれが生じる。

なお、破産手続開始に伴う抵当権に対する大きな制約として、担保権消滅

請求制度（破産法186条以下）があるが、民事再生、会社更生の各手続においても、同一名称の制度があるので、後にまとめて概説する。

  b 破産手続参加

　抵当権者は、破産手続に参加せずとも抵当権を実行することはできるが、破産手続に参加するには、届出期間内に、破産債権の額、別除権の目的財産および別除権の行使により弁済を受けることができないと見込まれる債権の額（予定不足額）等を届け出なければならない（破産法111条2項）。

  c 配当参加

　抵当権者が破産手続において配当を受けるには、最後配当の除斥期間内に、①別除権の不足額を証明するか（破産法198条3項後段）、②破産管財人との間で別除権の被担保債権額の減額に関する合意（別除権協定）をして、別除権不足額を明らかにし（同条同項前段）、または、③別除権を放棄すること（注4）が必要であり、それらがなされないときは、別除権者は、別除権の実行後の不足額につき配当を受けることができない。

（2）民事再生

  a 別除権

　抵当権は別除権であり、民事再生手続によることなく、原則として、自由に行使することができる（民事再生法53条2項）。しかし、再建型手続である関係上、破産と異なり、再生手続開始申立て後は裁判所は申立てまたは職権により、相当の期間を定めて抵当権の実行手続の中止を命ずることができる。ただし、共益債権または一般優先債権が被担保債権であるときは、中止命令の対象とならない（同法31条1項）。また、破産と異なり、再生債務者または再生管財人（以下「再生債務者等」という）は、自助売却権を有していない。

　再生債務者等が別除権の実行を妨げるには、後述の担保権消滅請求手続（民事再生法148条以下）によるか、実行手続の中止命令を得た上で、別除権者と別除権協定（同法88条ただし書）を結ぶことが必要である。なお、再生債務者等は、抵当権の目的物を、抵当権が存続したままで売却することができ（同法53条3項）、その場合、買受人により民法上の担保権消滅請求の手続がとられ得ることは、破産の場合と同様である。

b 再生手続参加

抵当権者は、再生手続に参加せずとも抵当権を実行することができるが、再生手続に参加するには、届出期間内に、再生債権の内容、原因、別除権目的財産、別除権予定不足額等を届け出なければならない（民事再生法94条2項）。ただし、破産と異なり、再生債務者等は、届出のなされていない再生債権につき、自認することができる（同法101条3項）。

c 再生計画による弁済

別除権者が再生計画によって弁済を受けるには、別除権実行後の不足額が確定する必要がある（民事再生法88条本文）が、再生債務者等との間で別除権協定を締結して、別除権予定不足額を確定した場合は、再生計画によって弁済を受けることができる。

もっとも、破産と異なり、再生計画では、別除権の予定不足額につき、確定した場合における再生債権者としての権利の行使に関する適確な措置を定めなければならず（民事再生法160条1項）、手続終結までに予定不足額が確定しなくても、再生計画における弁済から除斥されることはない。

(3) 会社更生

a 更生担保権

会社更生手続では、抵当権は更生担保権となり（会社更生法2条10項）、更生手続開始により全面的に更生手続に拘束され、物上代位を含め、新たに実行を申し立てることはできない（同法47条1項）。更生手続開始申立て時に既に開始されている抵当権に基づく実行手続（物上代位を含む）は、利害関係人の申立てまたは職権により裁判所は中止を命じることができ（同法24条1項2号）、また、更生手続開始により、当然に中止され（同法50条1項）、更生のために必要があるときは、裁判所は、管財人の申立てまたは職権により、抵当権の実行手続を取り消すことができる（同条6項）。

なお、管財人において抵当権の目的物を換価する必要がある場合には、後述の担保権消滅請求手続（会社更生法104条以下）によるほか、抵当権者の同意を得て、他の目的物に担保を変換することができる（同法72条2項9号）。

b　更生手続参加

　抵当権者は、その権利を行使するには、更生手続に参加する必要があり、それには債権届出期間内に抵当権の内容、原因、抵当権目的財産およびその価額、各抵当権についての議決権額を届け出なければならない（会社更生法138条2項）。その期間内に届出しなければ、更生手続において失権し（同法204条1項）、一切弁済を受けることができない。この点が会社更生手続が破産や民事再生と異なる最大の特徴である。

　届出された更生担保権につき債権調査がなされる（会社更生法144条以下）。その調査は、更生担保権とは、更生手続開始当時更生会社の財産につき存する担保権の被担保債権であって更生手続開始前の原因に基づいて生じたもののうち、当該担保権の目的である財産の価額が更生手続開始の時における時価であるとした場合における当該担保権によって担保された範囲のものをいう、と定義されている（同法2条10項）通り、抵当権の存否および更生手続開始時における抵当権の目的物の時価、ならびに被担保債権のうち、その抵当権によって担保される範囲につきなされるものである（注5）。

　　c　更生計画による弁済

　更生担保権者の権利は、更生計画によって変更され、それに従って弁済がなされる（会社更生法167条以下）。一般に更生計画中に、更生担保権のために従前の担保あるいはそれに替わる担保を設定する条項が盛り込まれるが、法的には、必ずしも更生担保権のために、担保権を設定する必要はない。そして、更生計画に定められなかった担保権は、更生計画認可決定によって一切消滅する（同法204条1項）。

（4）**特別清算**

　　a　別除権

　特別清算手続においても、抵当権は別除権であり、原則として自由に行使することができる。ただし、抵当権者も特別清算の協定に参加することもあり得ること等から、特別清算開始命令があったときは、裁判所は期間を定めて抵当権の実行手続の中止を命じることができる（会社法516条）。

　清算人は、抵当権の目的物を抵当権が付されたまま売却できることは破産

について述べたのと同様である。また、清算人には、破産と同様の自助売却権が認められる（会社法538条）。なお、特別清算手続には、他の倒産手続と異なり、担保権消滅請求手続はない。

　b　特別清算手続参加

　特別清算手続には、債権の調査、確定手続はない。ただし、特別清算の協定は、債権者集会の議決が必要であり（会社法567条）、別除権者は、別除権の行使によって弁済を受けることができない債権額の限度で議決権を行使することができる（会社法548条4項）。

　また、清算人は、協定案の作成にあたり必要があるときは、協定につき別除権者の参加を求めることができる（会社法566条）。もっとも、別除権者が協定に参加するか否かは別除権者の任意である。

　c　協定による弁済

　特別清算協定が可決された後、別除権者がどのような形で弁済を受けられるかは、協定によって定まる。協定の条件が平等で、かつ衡平を害しない（会社法565条）ものであるならば、必ずしも、別除権の不足額の確定を待たずとも、予定不足額の一部につき弁済することも可能である。

3　根抵当権

　根抵当権は抵当権の特殊類型に過ぎないから、以下、根抵当権に特有な諸点についてのみ略述する。

(1)　破　産

　a　元本の確定

　債務者または根抵当権設定者が破産手続開始決定を受けたときは、根抵当権の元本は確定する（民法398条の20第1項4号）。

　b　配当参加

　根抵当権者は、旧法のもとでは被担保債権額が根抵当権の極度額を超えていても、最後配当の除斥期間内に根抵当権の実行によって弁済を受けられない額を証明しなければ配当を受けることができなかった（東京地決平9.6.19金法1496号42頁、東京高決平12.1.20金商1087号3頁）が、現行法では、最後配

当の許可の日における破産債権のうち極度額を超える部分については、最後配当を受けられることとなった（破産法196条3項、198条4項）。

(2) 民事再生

a　元本の確定

債務者に民事再生手続が開始しても、元本は確定しない（民事再生法148条6項参照）。もっとも、根抵当権設定者は、根抵当権の設定から3年を経過しているときは、元本の確定請求をすることができ、また根抵当権者はいつでも元本の確定請求をすることができるのであって（民法398条の19）、実務上は、確定手続がとられることになろう。

なお、上述の通り再生手続開始により元本は確定しないところ、再生手続開始後の共益債権が当然に根抵当権の被担保債権となり得るかについては説が分かれているが、消極に解すべきであろう（注6）。

b　再生計画による弁済

元本が確定していない場合には、抵当権の場合と同様である（民事再生法160条1項）。

次に、元本が確定している場合には、その根抵当権の被担保債権のうち、極度額を超える部分について、再生計画における一般的基準に従った仮払条項を設けることができ、その場合には、根抵当権の行使によって弁済を受けることができない債権の部分が確定した場合における精算条項を定めなければならない（民事再生法160条2項）。

(3) 会社更生

a　元本の確定

債務者に対し会社更生手続開始決定がなされても、根抵当権の元本は確定しない（会社更生法107条4項参照）。ただし、管財人や根抵当権者から確定請求ができることは、前述した民事再生手続と同様である。また、更生手続開始決定後の共益債権が当然に被担保債権とならないことも、民事再生手続と同様である（注7）。

b　更生担保権の範囲

更生担保権の範囲は、元本確定の有無にかかわらず、届出された更生担保

権に対する債権調査手続により確定する。なお、更生手続開始決定時に、先順位の根抵当権の被担保債権額が極度額を下回っていても、後順位担保権者は、極度額の残余の価額分についてしか更生担保権として取り扱われない。

　　c　計画弁済と被担保債権

　更生計画により、更生手続開始当時の根抵当権が存続するものとされると、更生計画に基づいて順次更生担保権に対して弁済がなされるに伴い、その根抵当権は、極度額との間に余裕枠が生じることになる。かかる余裕枠につき、根抵当権者の共益債権が被担保債権となり得るか否かについて説が分かれているが、消極に解すべきであろう（注8）。

（4）特別清算

　　a　元本の確定

　特別清算手続開始決定は、元本の確定事由とされていない。特別清算手続には、法的には共益債権の概念はなく、債務者と根抵当権者間において新たな債権を被担保債権としない旨の合意がなされない限り、同手続開始決定後も被担保債権は拡大し続ける。なお、債務者、根抵当権者の双方から、元本の確定を求め得ることは、破産について述べたのと同様である。

　　b　手続参加

　抵当権につき述べたところが基本的に妥当し、根抵当権を協定の中でどのように取り扱うかは、根抵当権者と債務者との協議によって定まる。

4　質　権

　質権については、基本的には抵当権につき述べたところが妥当するので、質権特有の問題につき概説する。

（1）破　産

　質権のうち、商事質権では流質契約が認められ（商法515条）、また、銀行取引約定では、一般に銀行に目的物の任意処分権が認められているところから、質権者が速やかに処分しないときは、破産管財人は裁判所に対して、処分すべき期間の指定を申し立てることができる（破産法185条）。なお、質権の目的物は質権者が占有しているところから、破産管財人が自助売却権（同

法184条2項）を行使することは、事実上困難である。
（2）民事再生
　質権につき、民事再生手続特有の問題は存しない。
（3）会社更生
　会社更生手続特有の問題としては、債権質については、更生手続開始決定後、更生計画認可決定までは、質権者も管財人もその対象債権を取り立てることができないところから、第三債務者に供託することを認め（会社更生法113条）、第三債務者に債務から免れる途を拓いた。なお、この規定は、明示はされていないが、債権譲渡担保を念頭に置いて設けられた規定である。
（4）特別清算
　特別清算特有の問題は存しない。

5　先取特権

　先取特権のうち、不動産の先取特権は、抵当権につき論じたことが基本的にはそのまま妥当するので、ここでは一般の先取特権と動産先取特権について概説する。
（1）一般先取特権
a　破　産
　一般の先取特権のある債権も、その債権を行使するには、破産債権届をする必要がある。債権届の上で、それが決められるとそれは、優先的破産債権として、一般破産債権に優先する（破産法98条1項）。なお、一般の先取特権ある債権間相互の優先順位は、民法、商法その他の法律の定めるところによる（同法98条2項）。
b　民事再生
　一般先取特権のある債権は、一般優先債権となり、再生手続によらないで、随時弁済を受けることができる（民事再生法122条）。
c　会社更生
　一般先取特権のある債権も、更生手続に参加しなければ権利を行使することはできず（会社更生法135条）、更生計画においては、優先債権として一般

更生債権との権利の順位を考慮して、更生計画の内容に公正かつ衡平な差を設けなければならない（同法168条3項）。

　　d　特別清算

　旧商法では、一般先取特権のある債権も、特別清算手続に拘束され、ただし、協定においては、一般の先取特権は協定の条件を定めるにあたって、これを斟酌しなければならない（旧商法448条2項）とされていたが、会社法では、一般の先取特権の効力を強め、原則として特別清算手続に拘束されず（会社法515条1項ただし書）、他の担保権と同様、特別清算手続開始後は、一般の先取特権に基づく実行につき、期間を定めて中止を命じることができ（同法516条）、また、協定への参加を求めることができるものとした（同法566条）。

（2）動産先取特権

　　a　破　　産

　動産先取特権は、別除権であり、基本的には抵当権につき論じたことが妥当する。ただ、動産先取特権に基づき競売を実行するには、従前は、債権者が執行官に対し目的動産を提出したとき、または動産の占有者が差押えを承諾する文書を提出したときに限り開始する（旧民事執行法190条）とされていたところから、破産の場合にその実効性は存しなかったが、平成15年改正により、債権者が担保権の存在を証する文書を提出すれば、裁判所は動産競売の開始を許可することができ、執行官は同許可に基づいて債務者の住居等を捜索することができることとなり（民事執行法190条1項3号、2項）、その債務者には破産管財人も含まれると解されるところから、動産先取特権者は、破産手続開始後もその権利を実際に行使することができる。

　　b　民事再生

　民事再生手続では、動産先取特権は別除権であり、基本的には抵当権につき述べたところがそのまま妥当する。また、上述の民事執行手続による競売を申し立てることができる。

　　c　会社更生

　会社更生手続では、動産先取特権は更生担保権であり、抵当権について述

べたところが基本的に妥当し、動産売買先取特権特有の問題は存しない。

　d　特別清算

　特別清算手続では、動産先取特権は別除権であり、抵当権について述べたところが、基本的にそのまま妥当する。また、上述の民事執行手続による競売を申し立てることができる。

6　留置権

　留置権は、倒産手続では、民事留置権と商事留置権とで、その法的効力が大きく異なる。以下、各倒産手続につき概説する。

(1) 破　産

　民事留置権は、破産財団に対してその効力を失う（破産法66条3項）。

　次に、商事留置権は、破産財団に対しては特別の先取特権とみなされ（破産法66条1項）、また留置的効力は存続すると解されている。商事留置権者は、特別先取特権者として、前述の通りその権利を行使することができる。なお、事業継続許可（同法36条）を得た場合に、商事留置権の目的物が継続される事業に必要なときには、破産管財人は、留置権の目的物の価額に相当する金銭を弁済して、留置権の消滅を請求することができる（同法192条）。

(2) 民事再生

　民事再生手続では、民事留置権は別除権には該当しない（民事再生法53条1項）。しかし、民事再生手続開始がなされても、その留置的効力は継続するが、競売の申立て（民事執行法195条）はできないと解されている。

　次に、商事留置権は、民事再生手続では別除権であり（民事再生法53条1項）、別除権としての一般的規律に服する。

(3) 会社更生

　民事留置権は、更生担保権に該当しない（会社更生法2条10項）。しかし、留置的効力は、更生計画が認可されて権利変更がなされるまで残る。

　次に、商事留置権は、更生担保権であり（会社更生法2条10項）、更生担保権としての規律に従う。なお、更生手続開始申立後開始決定までの間に、商事留置権の目的財産が事業の継続に欠くことのできないものであるとき

は、開始前会社（保全管理人が選任されているときは保全管理人）は、目的財産の価額に相当する金銭を弁済して、当該留置権の消滅を請求することができる（同法29条）。

(4) 特別清算

　民事留置権について、特別清算手続上は特段の規定は置かれていない。民事留置権は、別除権ではないが、留置的効力は特別清算開始決定によってその影響を受けない。

　他方、商事留置権は、別除権であり（会社法522条2項）、別除権としての一般的な規律に従う。

7　担保権消滅請求

　特別清算手続を除く改正後の倒産法では、旧法にはなかった全く新しい担保権に係る制度として、担保権消滅請求制度を設けた。しかし、その呼称こそ同一であるが、各倒産手続によりその制度の目的・内容からして大きく異なる。この制度については、別稿で詳しく論じるが、以下各制度につき略述する。

(1) 破　産

　破産法186条から191条に規定されているが、実質は、破産管財人による別除権の目的物に対する担保権の消滅を伴う換価制度である。

　実務上は、従前から、担保権者との受戻合意による担保権の抹消と、目的物の任意売却とを同時に行って換価する方法がとられ、現行破産法下の実務も、基本的には同様の方法によっている。ところが時として、別除権者との受戻しの合意が難航したり、競売手続では配当に与かれない後順位担保権者が担保権の抹消に応じないため任意売却できないことがあり、かかる場合に対応するべく設けられた制度である。

　同制度の手続の流れを以下に略述する。

　　a　破産管財人による担保権消滅許可の申立て

　申立ての実体的な要件は、①当該担保目的物を売却することが、破産債権者の一般の利益に適合し、②当該担保権を有する者の利益を不当に害することにならないとき、である（破産法186条1項）。

b　申立書の記載事項

　申立書には、①担保権の目的財産、②売得金（売買代金から売買契約において相手方負担とされる諸費用等を差し引いた金額）の額、③売却の相手方の氏名、④消滅すべき担保権、⑤被担保債権の額、⑥売得金の一部を破産財団に組み入れるときには組入金の額、等を記載しなければならない。

　c　担保権消滅の許可

　被申立担保権者が、次に述べる対抗手段を、その期間内にとらないときは、裁判所は担保権消滅許可決定をする（破産法189条1項1号）。

　d　被申立担保権者の対抗手段

　被申立担保権者の対抗手段は、担保権消滅許可申立書が送達された後1月内に、①担保権の実行を申し立てたことを証する書類を裁判所に提出するか（破産法187条）、または②当該担保権者または他の者が、前記売得金の額より5％以上高額で買い受ける旨の申出を行うことである。その場合買受希望者は、保証として買受申出額の20％を破産管財人に提供しなければならない（破産規則60条）。

　裁判所は、①の対抗手段がとられたときは、担保権消滅不許可の決定をする。次に②の対抗手段がとられたときは、当該希望者を売却の相手方とする担保権消滅の許可をなし、その許可決定が確定すると、買受希望者と破産管財人との間で、破産管財人の担保権消滅許可申立書記載の内容通りの売買契約が締結されたものとみなされ、また、買受申出額が売得金の額とみなされるところから、財団組入額は生じない（破産法189条）。

　e　金銭の納付

　担保権消滅許可決定が確定し、売却相手方が破産管財人が選定した相手方のときは、財団組入金のない時は売得金を、財団組入金のあるときは売得金から財団組入金を控除した額を、また、買受希望者が売却相手方となったときは、売得金から破産管財人に提供した保証の額を差し引いた金銭を、裁判所の定める期限までに納付しなければならず、また破産管財人は上記保証の額に相当する金銭を裁判所に納付する（破産法190条1項～3項）。

f　担保権の消滅

　被申立担保権者の有する担保権は、ｅの金銭の納付があったときに消滅し（破産法190条4項）、裁判所書記官は、消滅した担保権に係る登記または登録の抹消を嘱託する（同条5項）。

　g　配当の実施

　裁判所は、ｆの金銭の納付があったときは、配当表を作成し、被申立担保権者に対する配当を実施する（破産法191条）。

（2）民事再生

　民事再生法148条から153条に規定されているが、それは再生債務者の事業に不可欠な資産を事業の継続のために確保すべく、担保権の目的物の価額を提供することにより、担保権を担保権者の意向に関わりなく抹消する手続である。

　同制度の手続の流れを以下に略述する。

　a　再生債務者等による担保権消滅許可の申立て

　その実体的な要件は、担保目的財産が再生債務者の事業の継続に欠くことができないこと、である（民事再生法148条1項）。その事業は、必ずしも引き続き債務者のもとで継続される必要はなく、営業譲渡が行われる場合等を含む。

　b　申立書の記載事項

　申立書には、①担保権の目的財産、②その財産の価額、③消滅すべき担保権、④被担保債権の額、を記載しなければならない（民事再生法148条2項）。

　c　許可決定

　ｂの申立てがあると、裁判所は許可決定をし、同決定と申立書とは担保権者に送達される。担保権が根抵当権のときは、その送達後2週間で元本は確定する（民事再生法148条3項・6項）。

　d　被申立担保権者の対抗手段

　担保権者は申立書に記載されたｂの②の価額に不服があれば、申立書の送達後1月内に、裁判所に価額決定の請求をすることができ（民事再生法149条）、同請求があると、裁判所は評価人を選任して財産の評価を命じ、その評価に

基づき財産の価額を決定する（同法150条）。

　　e　金銭の納付

　再生債務者等は、担保権者が価額決定請求をしなかったときは、ｂの②の金銭を、価額決定がなされたときはその価額に相当する金銭を、裁判所の定める期限までに裁判所に納付しなければならない（民事再生法152条1項）。

　　f　担保権の消滅

　担保権者の有する担保権は、ｅの金銭の納付があったときに消滅し（民事再生法152条2項）、裁判所書記官は、消滅した担保権に係る登記または登録の抹消を嘱託する（同条3項）。

　　g　配当の実施

　裁判所は、ｅの金銭の納付があったときは、配当表を作成し、担保権者に対して配当を実施する（民事再生法153条）。

（3）**会社更生**

　会社更生法104条から112条に規定されているが、更生会社の事業の更生の上で必要がある場合に、担保権の目的物の価額に相当する金銭を裁判所に納付することによって、担保権を担保権者の意向に関わりなく消滅させる制度である。

　同制度の手続の流れを以下に略述する。

　　a　管財人による担保権消滅許可の申立て

　その実体的な要件は、更生会社の事業の更生に必要があると認められるとき、である。具体的には、遊休資産に担保余剰がある際に、それを換価してその余剰部分を事業資金に活用したい場合、遊休資産の管理コストの負担を免れるべく換価する場合、更生計画外の事業譲渡（会社更生法46条）に伴い、その譲渡資産に係る担保権を抹消する場合等である。

　　b　申立書の記載事項

　申立書には、①担保権の目的財産、②その財産の価額、③消滅すべき担保権、を記載しなければならない（会社更生法104条3項）。

　　c　許可決定

　ｂの申立てがあると、裁判所は許可決定をし、同決定と申立書とは担保権

者に送達される。担保権が根抵当権のときは、その送達後2週間で元本は確定する（会社更生法104条4項・7項）。

　　d　被申立担保権者の対抗手段

　担保権者は申立書に記載されたｂの②の価額に不服があれば、申立書の送達後1月内に、裁判所に価額決定の請求をすることができ（会社更生法105条）、同請求があると、裁判所は評価人を選任して財産の評価を命じ、その評価に基づき財産の価額を決定する（同法106条）。

　　e　金銭の納付

　管財人は、担保権者が価額決定請求をしなかったときには、ｂの②の金銭を、価額決定がなされたときはその価額に相当する金銭を、裁判所の定める期限までに裁判所に納付しなければならない（会社更生法108条1項）。

　　f　担保権の消滅

　担保権者の有する担保権は、ｅの金銭の納付があったときに消滅し（会社更生法108条3項）、裁判所書記官は、消滅した担保権に係る登記または登録の抹消の嘱託をする（同条4項）。

　　g　納付された金銭の処理

　裁判所に納付された金銭は、更生計画認可決定があったときは管財人に交付される（会社更生法109条）。ただし、納付された金銭が被申立担保権者への配当金等を上回るときには、その差額は、更生計画認可決定前でも管財人に交付される（同法111条）。更生計画認可決定前に更生手続が終了したときは、納付された金銭は担保権者に配当される（同法110条）。

8　非典型担保

　今日の実務においては、多種多様な非典型担保が用いられている。そのうち、倒産手続で主として問題となる譲渡担保、所有権留保、ファイナンスリースにつき本書で取り上げることとし、以下には、その主要な問題点について概説する。なお、以下には触れないが、かかる非典型担保につき、各倒産手続に設けられた担保権消滅請求の適用があるか否かは、重要な課題である。

(1) 譲渡担保

　前述の通り、平成8年からの倒産法改正の中では、従前から批判の強かった旧破産法88条、旧会社更生法63条が削除された以外は、立法上の手当てはなされず、解釈に委ねられることになった（注9）。

　破産、民事再生、特別清算において、譲渡担保が別除権として扱われ、清算義務を伴うことについては、今日、異論がない。別除権であるから、譲渡担保権者が各手続に参加できるのは、別除権の予定不足額の限度であり、その手続での配当参加（弁済）の点は、抵当権について述べたところが基本的に妥当する。

　破産管財人の自助売却権は、動産譲渡担保のごとく破産管財人が占有している場合には行使できるが、不動産のごとく、所有権が譲渡担保権者に移転している場合には、事実上それを行使することはできない。

　次に、会社更生手続では、譲渡担保権が更生担保権となることは今日では異論はなく、譲渡担保権者は、債権届をして更生手続に参加しなければ失権する。

　なお、各手続において、集合動産譲渡担保、集合債権譲渡担保につき、その固定、換価、取立の方法につき問題があるほか、近時、最高裁判所において、否認の成否（最二小判平16.7.16民集58巻5号1744頁ほか）、および集合動産譲渡担保の効力（最一小判平成18.7.20金商1248号22頁）に関する判例も出ており、論点は多い。それらの諸点の詳細は、各論稿を参照されたい。

(2) 所有権留保

　所有権留保契約について、清算義務が生じることに異論はなく、清算がなされる限り、民事再生、特別清算の各手続において、別除権として取り扱うか、取戻権として取り扱うかとの間に、実務上大きな相違は生じない。ただ、別除権と構成すれば、手続開始申立て後または開始後の中止命令の対象となる。取戻権と構成する場合であっても、清算後に残債権が残れば債権届出をなすことができ、また、清算前は条件付債権として届け出ることにより、手続参加することができる。

　次に、会社更生手続との関係では、更生担保権として取り扱うのが、判例

(最三小判昭57.3.30民集36巻3号484頁）であり、今日の通説である。したがって、所有権留保付売買代金等の債権者は、債権届をして更生手続に参加しなければ、失権することになる。

(3) リース契約

リース契約と倒産手続の関係については、種々の問題があり、一連の倒産法の立法過程でも検討が加えられたが、リース契約自体に、ファイナンスに加えて、メンテナンス条項を含むもの等様々なものがあり、リース契約として一体として捉えることが難しく、また、リース法とも言うべき実体法規定がない中で、倒産法のもとでその効力に関する規定を設けることは見送られた。ここでは、担保的効力が一番問題となるフルペイアウト式ファイナンスリース契約について取り上げる。

ファイナンスリース契約については、破産との関係では、取戻権的構成と別除権的構成のいずれをとっても、実質的な変わりはない。民事再生や特別清算では、申立てに伴う弁済禁止の保全処分によるリース料の不払いは、契約解除事由とはならないと解されるところから、別除権構成をとれば、申立て前にリース料の不払いがなければ、担保権実行の要件が存せず、債務者は引き続き目的物を利用し得るとの関係に立つ。実務上は、かかるリース契約は別除権であるとして取り扱う裁判所もあれば、再生手続開始後のリース料につき共益債権的な取扱いを認めている事例もあり（注10)、問題は多い。また、別除権として取り扱えば、中止命令や別除権協定の対象となる。

次に、会社更生手続との関係では、かかるリース料債権は、更生担保権であるとするのが判例（最二小判平7.4.14民集49巻4号1063号）であり、したがって、かかる債権者は、債権届をして更生手続に参加しなければ失権する。なお、同判例後も、更生手続中にリース期間が満了した場合の取扱い等問題点は残っている。

9 おわりに

以上、各種倒産手続と担保との関係につき、各種担保権の観点から、それらの担保権が各倒産手続の中でいかに取り扱われており、またいかなる問題

点があるかについて通覧したが、担保権の効力の問題が最も顕在化するのは倒産の場面だけに、実務家諸氏がその問題点を把握される上で、本書が何らかの寄与ができることを願う次第である。

(注1) 平成16年の司法統計によれば、担保権の実行としての競売申立事件は年間7万6002件であるのに対し、破産申立事件の新受件数は22万0261件、民事再生申立事件は総数2万7478件に及んでおり、そのうち法人の破産申立事件および通常の民事再生申立事件では、ほぼすべての案件に担保権が絡んでおり、また個人再生申立事件や、同時廃止の破産事件でも、住宅ローンを抱える案件は多い。それからすれば、担保権がその実行手続で行使されるよりも数倍の件数が、実行手続によることなく処理されているのではないかと推察される。また、担保権の実行がなされる場合も、債務者に対し破産手続開始後の処理としてなされる事件も多い。
(注2) 会社整理は旧商法381条以下、特別清算は旧商法431条以下に規定されていたから、法律としては4種類であったが、俗に倒産五法と呼ばれていた。
(注3) 田原睦夫「倒産手続と非典型担保権の処遇」別冊ＮＢＬ69号63頁参照。
(注4) 別除権者に、別除権放棄の意思表示の機会を与えるために、破産財団からの放棄は、その2週間前までに抵当権者に通知しなければならない（破産規則56条後段）とされた。なお、別除権放棄の意思表示の相手方は破産管財人であるが、破産管財人が破産財団から放棄した後は、破産者（破産者が法人の場合は、清算人）に対してしなければならない（最二小決平12.4.28金法1587号57頁、最二小決平16.10.1金法1731号56頁参照)。
(注5) 更生担保権の目的物たる「時価」の意義については、事業再生研究機構財産評定委員会編『新しい会社更生手続の「時価」マニュアル』（商事法務、2003年）参照。
(注6) 田原睦夫「倒産手続と根担保」谷口安平古稀『現代民事司法の諸相』491頁（成文堂、2005年）。
(注7) 田原・前掲注6・476頁以下。
(注8) 田原・前掲注6・478頁。
(注9) 田原・前掲注3・70頁以下参照。
(注10) 田原・前掲注3・67頁参照。

（たはら　むつお）

第 2 部

倒産手続における担保権の処遇

1 抵当権
(1) 破産、民事再生における別除権としての取扱い

弁護士 入谷正章／弁護士 佐藤昌巳

1 はじめに

　破産、民事再生手続における抵当権は、代表的な別除権であり、抵当権者はこれら倒産手続によることなく行使することができる。他方、抵当権の目的不動産は、破産手続においては破産財団、民事再生手続においては再生債務者の財産に属する重要な財産であり、破産管財人または再生債務者の管理処分権に服する。そのため、両者間の調整が必要となるのは必然的な帰結である。現行破産法、民事再生法は、目的不動産の換価処分の場面や別除権者の破産手続参加の場面において従来から行われてきた実務上の工夫を立法化しあるいは従来の実務では処理が困難であった問題を立法的に解決し、両者間の調整を図った（前者につき、任意売却ないし別除権の受戻し、物上代位、担保権消滅請求など。後者につき、不足額責任主義、任意売却・財団放棄通知の義務化、合意による不足額の確定など）。

　以下、その概要を中心に論ずる。

2 破　産

(1) 別除権の内容、行使
ア　別除権としての抵当権
　　a　破産手続における別除権

　現行破産法においても、旧法におけると同様に、破産手続開始時に破産財団に属する財産につき特別の先取特権、質権または抵当権を有する者（＝別除権者。破産法2条10項）は、当該担保目的財産について別除権を有し、破産手続によらずにこれを行使することができるものとされている（同法2条9

項、65条1項)。それゆえ、抵当権は、破産手続においては別除権として取り扱われる。

　b　再生手続、更生手続との対比

　抵当権は、後記の通り、再生手続においても同様に別除権として取り扱われる（ただし、破産手続においては別除権の行使は中止命令の対象とならないが、再生手続においては原則として中止命令の対象となる。民事再生法31条）が、更生手続においては更生担保権として更生手続に拘束され、手続間に取扱いの異同が認められる。

イ　別除権の行使／抵当権の目的不動産の換価

　a　別除権の実行による換価

　別除権者である抵当権者は、既に述べた通り、破産手続によらず、民事執行法等の規定に則った担保権の実行手続によって、抵当権の目的不動産の換価を行うことができる。抵当権者は、破産手続の進行のいかんにかかわらず、適宜、担保権の実行として、目的不動産の競売申立てを行うことができるのである。

　b　物上代位の適用

　また、抵当権者は、別除権者として、目的不動産の賃料や火災保険金請求権などに物上代位権を行使することができる（民法372条、304条）。物上代位については、本書第2部②矢吹論稿で詳論されるので、詳細は同稿に譲る。

　c　破産管財人の換価権

　他方、別除権の目的財産といえども、破産財団を構成する財産である以上、破産管財人の管理処分権に服する。破産管財人は、別除権たる抵当権の目的不動産の換価権を有するが、かかる換価権は破産管財人の管理処分権の発現であり、別除権の目的不動産の受戻権（破産法78条2項14号）、強制執行の方法による目的不動産の換価権（同法184条2項）、目的不動産の任意売却権（同法65条2項）、担保権消滅請求権（同法186条以下）、目的不動産の提示請求権および評価権（同法154条）や別除権者による処分期間の指定申立権（同法185条）などは、明文でその趣旨を定めたものである。

d 任意売却による換価

実務においては、抵当権の目的不動産を任意に売却することができれば、別除権者あるいは破産管財人による強制執行の方法による担保権の実行手続（競売申立て、物上代位等）によるよりは、一般に早期かつ高額に換価をすることができる上、当該財産の処分により公租公課の負担や管理費用等を免れることができ、破産財団にとっても、別除権者にとっても有利なことが多い。そのため、別除権者があえて権利行使をしない限り、破産管財人において担保目的不動産を相当な価格で買い受ける買主を確保し、全別除権者の同意および裁判所の許可等を得た上、任意売却によって目的不動産を処分換価するケースが多い（なお、その際に実務上不動産売却代金の５％～10％程度を破産財団に組み入れる運用が慣例定着化し（伊藤眞ほか「＜研究会＞新破産法の基本構造と実務（8）」ジュリ1300号91頁。なお、大阪地裁は３％を下回る場合には任意売却を許可しない方針とのことである。大阪地方裁判所・大阪弁護士会新破産法検討プロジェクトチーム編『破産管財手続の運用と書式』〔新日本法規、平成16年〕115頁）、任意売却は一般に破産財団の増殖に資することから、現在では、破産管財人が第一次的に任意売却を試みることが原則化している。また、任意売却を行うにあたっては、破産規則（56条）の定めにより、破産管財人は、任意売却の２週間前までに、別除権者に対し、任意売却をする旨および任意売却の相手方の氏名または名称を通知すべきものとされた）。かくして、まず破産管財人による任意売却が検討され、これが効を奏しないとき、別除権者による抵当権の実行手続が検討されるのが実務の状況である。

e 担保権消滅請求制度

なお、現行破産法は、全部または一部の別除権者の同意を得ることが困難な場合においても、破産管財人による任意売却をより容易にするための方策として、担保権消滅請求の制度（破産法186条以下）を創設した。別除権者との交渉が膠着したとき破産管財人がこれを打開するためいわば伝家の宝刀として使用するものであって、任意売却における別除権者との交渉を促進させる制度として効果が期待されている。担保権消滅請求制度については、本書第２部⑨馬杉論稿および同⑩多比羅論稿で詳細に論じられるので、同稿を参

照されたい。

　　f　民事執行法の手続による換価

　ところで、破産管財人は、任意売却によるのではなく、抵当権の目的不動産を、民事執行法その他強制執行の手続に関する法令の規定により換価することができ、別除権者はその換価を拒むことができない（破産法184条2項。無剰余主義の廃止）。この点、旧法の解釈によれば、破産管財人による換価についても、抵当権者の場合と同様、手続費用と先順位債権を弁済して剰余の生ずる見込みがない場合には競売手続が取り消されるという無剰余執行禁止の原則を定めた民事執行法63条の適用があるとの考え方が強かったところである（斎藤秀夫ほか編『注解破産法〔第3版〕』460頁〔斎藤秀夫〕ほか）。しかし、現行破産法184条3項は、民事執行法63条、129条等の適用を否定し、無剰余であっても、破産管財人が強制執行の方法により目的財産を換価できることを明文で許容した。それゆえ、現行法のもとでは、抵当権の目的不動産を任意売却により換価できず、また、別除権者において遅滞なく競売申立て等別除権行使による換価を行わない場合に、破産管財人が目的不動産につき競売申立てを行うことに関して法令解釈上の障害がなくなった。

　　g　オーバーローン不動産の取扱い

　旧法下の実務では、抵当権の目的であるオーバーローンの不動産を任意売却できないとき、破産管財人としては、公租公課の負担や管理費用等を免れるため不動産を財団から放棄する取扱いが一般的であった。しかし、現行法のもとでは、例えば別除権者の全部または一部の同意が得られず、さりとて買受希望者の意向等で担保権消滅請求ができない場合でも、単に財団から放棄を行うのではなく、選択肢として、競売申立てを行った上、執行裁判所が決定した売却基準価額等を踏まえ、別除権者と再度任意売却交渉を行うことができないか検討の余地があろう。

（2）別除権者の破産手続参加

ア　別除権者による破産債権の行使

　　a　不足額責任主義

　別除権者は、別除権の行使によって弁済を受けることができない被担保債

権の部分（＝不足額）についてのみ、破産債権者としてその権利を行使することができる（破産法108条1項本文）。

　　b　別除権目的財産の任意売却または放棄の取扱い

　ところで、現行破産法では、破産管財人は、別除権者の同意を得ない場合であっても、別除権の目的財産を担保権付きのまま任意売却、目的財産の財団からの放棄その他の事由により第三者に所有権を移転することができることが明文化されるとともに、破産管財人による任意売却や放棄などによって目的財産が破産財団に属しないことになった場合においても、当該担保権が存続するときは、担保権者は別除権者として取り扱われ、その破産債権の行使に「不足額責任主義」が適用されることが明確にされた（破産法65条2項）。当該第三者が物上保証人と類似した地位に立つので、はたして不足額責任主義が貫かれるのか疑義が生じ得ることから明確にすべく規定されたものである。

　このように、破産管財人は、別除権者の同意を得ない場合であっても、担保権の付されたままで不動産の任意売却ができることが明文化されたことによって、不動産の売却に際して担保権抹消の協議がより進展しやすくなると評価されている（田原睦夫「担保権と破産財団及び配当手続」ジュリ1273号45頁参照）。

　　c　任意売却通知の義務化

　しかし、他方で、破産管財人が別除権付不動産を任意売却したときには、抵当権消滅請求（民法378条）がなされるおそれがあることはもちろん、任意売却により抵当権の目的不動産の占有・管理状態が変化し、別除権者の権利利益に影響を及ぼす可能性がある。また、（法人が破産者である）破産管財人が破産財団から目的不動産を放棄した後は、別除権者が別除権放棄を行った上で別除権の不足額を証明し、配当加入しようとしても、後述の通り別除権放棄の意思表示等をすべき相手方が存在しない事態となる。そこで、破産管財人は、別除権者が破産管財人を相手として別除権放棄や担保権の実行等をする適切な機会を与えるため、担保目的物の任意売却あるいは財団からの放棄の場合（ただし、後者は破産者が法人の場合に限る）には、その2週間前ま

でに、別除権者に対し、前者については任意売却をする旨および任意売却の相手方の氏名または名称を、後者については財団からの放棄につき通知しなければならないものとされた（破産規則56条）（ただし、通知を怠った場合の効果については、同規定が訓示規定と解されるため、売買や放棄の効力自体に影響を与えるものではなく（伊藤眞ほか「＜研究会＞新破産法の基本構造と実務（9）」ジュリ1302号143頁（山本和彦発言）、全国倒産処理弁護士ネットワーク編『論点解説新破産法（上）』51頁〔服部敬〕）、また、損害賠償義務を生じさせるものでもないと解する（前掲「新破産法の基本構造と実務（9）」ジュリ144頁（田原、福永発言参照）。反対、淺尾重機「金融判例研究会報告」金法1753号39頁）。

イ　別除権者の破産債権届出

　破産債権者が破産手続上認められる権利権能等を行使するためには、破産債権として届出期間内に破産債権の届出をなし、その存在および内容が確定されることを要する。別除権者である抵当権者においても、別除権の行使によって満足を得ない被担保債権の部分（＝不足額）につき破産債権として権利行使をするためには、破産債権の届出を行う必要があるが、その被担保債権の債権額等のほか、別除権の目的である財産および別除権の行使により弁済を受けられないと見込まれる債権額（＝予定不足額）の届出を要する（破産法111条2項）。

　届出債権に対する破産管財人による認否は、別除権の被担保債権額および予定不足額につき行われる（破産法117条1項4号）。予定不足額の認否結果は、債権者集会における議決権額を決定するに過ぎず（同法140条1項、141条1項）、配当額を決定する基準とはならない（同法108条）。

ウ　別除権者の配当手続参加

　別除権者は、前記の通り、別除権の行使によって弁済を受けることができない被担保債権額について、破産債権者としてその権利を行使し（破産法108条1項本文）、配当に参加することができるが、旧法（277条）のもとでは、最後配当手続に参加するためには、除斥期間内に、破産管財人に対し、別除権の放棄の意思表示をするか、別除権の行使によって弁済を受けることができない債権の額を証明することが必要であった。しかし、別除権者が担保

を実行して弁済を受けるためには一定期間を要するのが通常であり、不足額が確定できないうちに最後配当の除斥期間が経過してしまうことがしばしば見受けられ、実際上、別除権者が担保権を放棄しない限り、不足額について配当を受けられないことが問題視されていた。そこで、現行法は、民事再生法（88条ただし書）に倣い、上記につき、別除権の放棄に限らず、被担保債権が破産手続開始後に担保されなくなった場合一般につき、配当手続参加を可能とした（破産法108条1項ただし書）。具体的には、別除権者と破産管財人が、合意（別除権協定）により被担保債権の範囲を変更することが念頭に置かれている（別冊NBL74号88頁）。

かくして、別除権者は、除斥期間内に、破産管財人に対し、被担保債権が破産手続開始後に担保されなくなったことを証明し、または担保権の行使によって弁済を受けることができない債権の額を証明して、最後配当手続に参加し配当金を受領することができる（破産法198条3項）。ちなみに、中間配当手続については、破産管財人に対し、所定期間内に、別除権の目的不動産の処分に着手したことを証明し、かつ当該処分によって弁済を受けることができない債権額を疎明すれば、配当表に記載される（同法210条1項）が、配当額は寄託される（同法214条1項3号）。

なお、破産者が法人であって、破産管財人が目的不動産を財団から放棄したために、別除権者が別除権放棄を行い、不足額につき配当加入しようとしても、放棄の意思表示等をすべき相手方が存在しない事態を避けるため、破産管財人は、放棄の2週間前までに別除権者に対してその旨通知を行うことを要する（破産規則56条）ことは既述の通りである。この場合、破産財団から放棄された目的不動産につき、別除権者が別除権放棄の意思表示をする相手方は、特段の事情の存しない限り清算人であって、破産手続開始決定当時の代表取締役ではなく、また破産管財人でもないと解されている（旧法に関するが、最二小決平16. 10. 1金法1731号56頁。なお、最二小決平12. 4. 28金法1587号57頁参照）。また、別除権者は、財団に対して別除権放棄の効果を主張するためには、登記が必要であると解されている（園尾隆司・深沢茂之編東京地裁破産再生実務研究会『破産・民事再生の実務（上）』256頁〔深沢茂之〕、山本和彦

「倒産手続における担保権の取扱い」事業再生と債権管理111号10頁。反対、大阪高判平11.10.14金法1569号108頁)。

3 民事再生

(1) 別除権の内容、行使
ア　再生手続における別除権としての抵当権

　民事再生法において、再生手続開始時に再生債務者の財産につき存する担保権（特別の先取特権、質権、抵当権または商事留置権）は、当該担保目的財産について別除権を有し、再生手続によらないでこれを行使することができるものとされる（民事再生法53条）。したがって、抵当権は、破産手続におけるのと同様、再生手続においても別除権として取り扱われる。

　もっとも、再生手続においては、破産手続とは異なり、再生債権者の一般の利益に適合し、かつ、競売申立人に不当な損害を及ぼすおそれがないことを条件として、担保権の実行としての競売手続が中止命令の対象とされる（民事再生法31条）。ただし、被担保債権が共益債権または一般優先債権であるときは、中止命令の対象外である（同法31条1項ただし書）。

イ　別除権の行使

　　a　別除権の実行による換価

　別除権者である抵当権者は、原則として、再生手続に拘束されず、適宜、担保権の実行として、目的不動産の競売申立てを行うことができる。

　　b　物上代位の適用

　また、抵当権者は、別除権者として、目的不動産の賃料や火災保険金請求権などに物上代位権を行使することができる（民法372条、304条）。物上代位権の適用については、本書第2部②矢吹論稿で詳論されるので、同稿を参照されたい。

　　c　別除権の受戻し／別除権協定による任意弁済

　実務においては、民事執行法上の担保権実行手続によるのではなく、再生債務者と別除権者である抵当権者が合意（別除権協定）により別除権評価額を確定した上で、再生債務者が、裁判所の許可または監督委員の同意（なお、

監督命令において監督委員の同意事項とされていることが通常）を得て別除権の目的財産の受戻しを行う（民事再生法41条1項9号）一方、別除権評価相当額を別除権者に弁済し、目的財産から別除権を解放する取扱い（第三者に対する任意売却を含む）がしばしば行われる。特に再生債務者の事業活動の継続にとって必要な事業用不動産につき、再生債務者において競売手続を取らないように別除権者である抵当権者に働きかけ、別除権協定の締結を求めることは広く行われている（なお、このような事業継続に不可欠な財産について、別除権協定締結が難渋を来した場合には、再生債務者等は担保権消滅請求を行うことができるが、その詳細については本書第2部⑨馬杉論稿および同⑩多比羅論稿に譲る）。

（2）別除権者の民事再生手続参加

ア　別除権者による再生債権の行使

　　a　不足額責任主義

　別除権者である抵当権者は、別除権の行使によって弁済を受けることができない被担保債権の部分（＝不足額）についてのみ、再生債権者としてその権利を行使することができる（民事再生法88条本文）。

　　b　別除権付きでの任意売却

　ところで、民事再生法（53条3項）は、破産法と平仄を合わせ、再生債務者等は、別除権者の同意を得ない場合であっても、別除権の目的財産を担保権付きのまま任意売却その他の事由により第三者に所有権を移転することができる旨明文で定め、再生債務者が担保付きでの任意売却などによって目的財産が再生債務者財産に属しないことになった場合においても、担保権者は別除権者として取り扱われ、その再生債権の行使に「不足額責任主義」が適用されることが明確にされた（民事再生法53条3項）。

イ　別除権者の再生債権届出

　再生手続に参加しようとする再生債権者は、届出期間内に再生債権の届出をなし、その存在および内容が確定されることを必要とする。別除権者である抵当権者においても、別除権の行使によって満足を得ない被担保債権の部分（＝不足額）につき再生債権として権利行使をするためには、債権届出を

行う必要があるが、別除権者の場合、債権の内容および原因、議決権額等再生債権一般についての所定事項のほかに、別除権の目的財産および別除権の行使により弁済を受けられないと見込まれる債権額（＝予定不足額）の届出を要する（民事再生法94条2項）。

　届出債権に対する再生債務者による認否は、別除権の被担保債権の内容、予定不足額および議決権につき行われる。予定不足額に対する認否結果は、債権者集会における議決権額を決定するものに過ぎず、債権として確定し、配当額を決定する基準とはならない。

ウ　別除権者に対する再生計画による弁済

　別除権者は、別除権の行使によって弁済を受けることができない債権額が確定しない限り、再生計画における弁済を受けられないのが原則である（民事再生法88条）。ところが、別除権者が担保権を実行して弁済に充当するためには相当期間を要するのが通常であり、別除権の行使によって弁済を受けることができない不足額が確定しないうちに、再生計画が作成、提出される事態が想定される。そこで、民事再生法（160条1項）は、再生計画の作成時までに別除権の行使による不足額が確定していない場合には、再生計画において、確定後の処理について適確な措置を定めなければならないとした。この適確な措置は、他の同種の確定債権と平等かつ衡平な扱いをすることを前提とするものであり、例えば、不足額が確定した後最初の弁済期に既到来の弁済期分を弁済すると定めるなど、支払時期、支払方法、担保その他弁済保全措置（同法186条3項3号参照）、利息の有無等を規定することが考えられる。

　　a　不足額の確定

　別除権行使による不足額は、（イ）担保権の実行が完了したとき、（ロ）別除権が放棄されたとき、（ハ）別除権の受戻しにより担保権が消滅したとき、（ニ）担保権消滅制度により担保権が消滅したときに確定する。また、（ホ）別除権者と再生債務者等との間の合意による不足額の確定も認められる。すなわち、不足額の確定のために常に（イ）ないし（ニ）の態様による別除権の実行ないし放棄等を必要とすると、とりわけ不動産の競売が困難な場合に別除権者に酷な結果となるとともに話合いによる解決の余地が否定されかね

ない。そこで、法は、被担保債権が再生手続開始開始後に担保されなくなった場合一般につき、その当該部分につき再生債権者として権利行使することを可能とした（民事再生法88条ただし書）のであり、具体的には、別除権者と再生債務者等が、合意により被担保債権の範囲を変更することが念頭に置かれている。

　なお、担保権によって担保される債権の全部または一部が合意により確定される場合につき、その旨の変更登記を要すると解すべきか否かについては争いがある。ここでの合意は、将来的な別除権の受戻しを予定した一部債権の消滅を内容とする弁済条件変更の合意と解され、本来的には対抗関係の問題ではないので、弁済による被担保債権の一部消滅と同様、再生債務者等が異議を留めず承諾した場合でない限り、被担保債権の変更の登記がなくとも不足額は確定されたものと取り扱うのが相当と考える（前掲・山本和彦・事業再生と債権管理111号11頁、深沢茂之「別除権をめぐる問題」銀行法務21・595号参照）。

　b　別除権者の再生計画による権利行使

　別除権者は、不足額が確定した以降は、不足額につき、再生債権者として再生計画の定めによって認められた権利または再生債権の権利変更に関する一般的基準に従って変更された権利を行使でき（民事再生法182条）、再生計画に従って弁済を受けることとなる。

　なお、本稿は、抵当権について論じたが、根抵当権について詳しくは本書第2部④須藤論稿および同⑤中井論稿を参照されたい。

4　実務上の留意点

（1）不動産の任意売却—破産

　破産管財人としては、前記の通り、担保権消滅請求の制度を活用し、不動産の任意売却を強行することが可能となったが、現実にはさほど利用例はないようである（伊藤眞ほか「＜研究会＞新破産法の基本構造と実務（7）」ジュリ1298号117頁）。

　破産管財人は、この制度の存在を盾として、別除権者との間で、財団組入

金を伴う任意売却の合理的な合意形成を促すことが期待されている。法文上も、担保権消滅請求をする前提として、破産管財人は、財団組入金の額につき別除権者と事前協議を行うことを義務付けられ（破産法186条2項）、また「任意売却に関する交渉の経過」が担保権消滅請求における申立書記載事項とされており（破産規則57条1項）、破産管財人と別除権者が合理的な任意売却交渉を行うことを前提とした制度設計がなされている。その意味で、破産管財人も別除権者も、担保権消滅請求の制度を前提に、相互にぎりぎりのハードネゴと強攻策を尽くすというより、むしろ制度を利用するメリット・デメリットを十分認識した上相互に協議を尽くし、お互いに納得可能な合意を導く合理的な任意売却交渉を行うことこそ法が期待したものと解される。

（2）不動産の放棄─破産

　破産管財人は、財団から不動産を放棄する場合、破産規則により別除権者に2週間前までにその旨通知する義務を負う。もっとも、破産管財人による当該義務の違反により放棄が無効となったり、直ちに賠償責任を生じるものと解することには疑問がある。それゆえ、別除権者としては、破産管財人からのこの通知を待って通知懈怠の不利益を甘受することのないよう、破産管財人の不動産の処分方針をあらかじめ確認し、放棄等に備えることが肝要である。特に破産者が法人の場合、別除権者は、破産管財人が破産財団から不動産を放棄するまでに競売申立てをしないと、後日競売申立てのために破産者の特別代理人または清算人を選任する必要が生じる。他方、別除権を放棄して配当加入する場合にも、清算人を選任した上放棄の意思表示を行う必要がある（なお、申請の際には、最後配当日（予定日）を記載し、裁判所に速やかな選任を必要とする事情を理解してもらうこと等が必要である（関沢正彦「破産財団からの権利放棄と別除権者」金法1680号5頁））。しかも、別除権者としては別除権を放棄した旨の抹消登記手続を行うことを要するので、注意が必要である。

　賃貸不動産を放棄する場合には、取得できる賃料と、固定資産税を含む管理コストとの対応関係を十分に配慮するとともに、放棄した後の当該不動産の管理の問題にも十分に意を払うべきである。そのような点の検討を踏ま

た上で放棄する場合には、将来賃料を破産者が取得するのは適切ではないので、破産管財人としては、財団から放棄する前に、別除権者に賃料債権の物上代位による差押えを要請し、別除権者がこれを行った上で放棄するのが実務上妥当な処理であろう。

(3) 別除権協定─民事再生

民事再生手続における別除権協定は、①別除権評価額の合意、②別除権の目的の受戻し、および③別除権行使による不足額の確定、の各意義を併せ有する。

この点、第1に、別除権評価にあたっては、再生債務者は、通常処分価格による（民事再生規則56条1項、79条1項参照）のに対し、別除権者は継続価値で評価を行うことが多い（民事再生規則56条1項ただし書参照）。当事者の交渉によって定められるものであるが、合意不調の場合には、再生債務者の事業の継続に必要な財産であれば、担保権消滅請求の申立ての対象となり得ることを考慮すべきであろう。

第2に、再生債務者の事業の継続に必要な不動産であれば、別除権協定締結の事実は、再生計画の遂行の見込みを検討する上で重要であるし、また別除権協定に伴い確定する不足額を前提に弁済原資および配当率（破産配当率を含む）を確認することも、再生計画の決議に重大な影響を与える事由である。現実には再生計画の決議前に別除権協定が成立している例は少ないが、その重要性に鑑み、別除権協定の早期締結は再生債務者および別除権者の双方に認識されて然るべきである。

（いりたに　まさあき／さとう　まさみ）

2 抵当権
(2) 物上代位の取扱い

弁護士　矢吹徹雄

1　はじめに

　抵当権に基づく賃料債権に対する物上代位権の行使が可能か否かについては判例、学説で争いがあったが、最二小判平元.10.27（民集43巻9号1070頁・金法1247号24頁）がこれを肯定して以来、賃料債権に対する物上代位権の行使が多く利用されている。民事執行法で収益執行が認められるようになったが、この後も物上代位権の行使は認められている。そこで、債務者に倒産手続が開始した場合に、物上代位権はどのようになるかが問題となる。破産や民事再生では、抵当権の物上代位の行使は何ら制約を受けない。会社更生法では、抵当権の行使が制約を受けるのと同じく物上代位権の行使も制約を受ける。

2　物上代位における論点と現状

　抵当権の目的物が第三者の不法行為により毀損された場合、抵当権者は目的物の価値が下落するので損害を受けることとなる。他方、抵当権設定者が加害者から損害賠償を受けると、設定者は目的物の毀損に係る価値相当額について抵当権の負担を免れた上、損害賠償を受けたこととなり、利得を得ることとなる。このような状況を回避するために、民法372条は、民法304条を準用し、目的物の売却、賃貸、滅失または損傷によって債務者が受けるべき金銭その他の物に対する物上代位を認めた。ただ、先取特権に関する規定である民法304条を準用するにあたっては、先取特権と抵当権の違いから、とりわけその対象となる代償物について争いがあった。抵当権の目的物を売却したときに売却代金に対し物上代位を行使できるかについては、民法304条

の文言通りこれを認める立場と、先取特権の場合は、追及効がないから物上代位を認める必要があるが、抵当権の場合は、目的物が売却されても追及力があり第三者の所有に帰した目的物の上に抵当権が存在するから物上代位権はないという立場がある（注１）。抵当権の目的である家屋が火災で焼失した場合の火災保険金に物上代位が可能かについて全く争いがないわけではないが（注２）、目的物が滅失または毀損したときにそれにより抵当権設定者が取得する損害賠償請求権について物上代位ができることについて争いがない。また、買戻特約付売買の目的物に抵当権を設定したときは、買戻権の行使により買主が取得した買戻代金に物上代位ができる（最三小判平11.11.30民集53巻8号1965頁・金法1568号38頁）。土地収用の補償金・土地区画整理の清算金、減価補償金、換地・土地改良法の換地、清算金・都市計画法の損失補償、土地買取なども物上代位の対象となる。

　これに対し、抵当権の目的物を賃貸した場合の賃料債権について物上代位が可能かについては、学説上古くから争われていただけでなく下級審裁判例も分かれていた（注３）。しかし、前掲最二小判平元.10.27が無条件でこれを肯定した後は、実務では賃料債権に対する物上代位を認める扱いが確立した（注４）。賃貸借契約で賃料と共益費を支払うことになっている場合、賃料が物上代位権の対象となることは前述の通りであるが、一般に共益費についてまでは物上代位の対象としていない。しかし、共益費も含めて賃料とされている場合は、賃料の全部について物上代位による差押えを認めている。

3　賃料に対する物上代位に関する判例の概観

　抵当権の物上代位権の行使で最も問題となるのが賃料に対する物上代位権の行使であるので、ここで、物上代位権の行使に関する最高裁の判例を概観しておくこととする。

　最二小判平元.10.27は、賃貸借契約がなされている不動産について抵当権が設定された事案で「民法372条によつて先取特権に関する民法304条の規定が抵当権にも準用されているところ、抵当権は、目的物に対する占有を抵当権設定者の下にとどめ、設定者が目的物を自ら使用し又は第三者に使用させ

ることを許す性質の担保権であるが、抵当権のこのような性質は先取特権と異なるものではないし、抵当権設定者が目的物を第三者に使用させることによって対価を取得した場合に、右対価について抵当権を行使することができるものと解したとしても、抵当権設定者の目的物に対する使用を妨げることにはならないから、前記規定に反してまで目的物の賃料について抵当権を行使することができないと解すべき理由はなく、また賃料が供託された場合には、賃料債権に準ずるものとして供託金還付請求権について抵当権を行使することができるものというべきだからである。」と判示し、賃料債権に対する抵当権の物上代位を認めた。この判決は、さらに、抵当権を実行し得る場合、抵当権を実行している場合でも物上代位権の行使は可能であるとした。

最二小判平10．1．30（民集52巻1号1頁・金法1508号67頁）は、「(一) 民法304条1項の「払渡又ハ引渡」という言葉は当然には債権譲渡を含むものとは解されないし、物上代位の目的債権が譲渡されたことから必然的に抵当権の効力が右目的債権に及ばなくなるものと解すべき理由もないところ、(二) 物上代位の目的債権が譲渡された後に抵当権者が物上代位権に基づき目的債権の差押えをした場合において、第三債務者は、差押命令の送達を受ける前に債権譲受人に弁済をした債権についてはその消滅を抵当権者に対抗することができ、弁済をしていない債権についてはこれを供託すれば免責されるのであるから、抵当権者に目的債権の譲渡後における物上代位権の行使を認めても第三債務者の利益が害されることとはならず、(三) 抵当権の効力が物上代位の目的債権についても及ぶことは抵当権設定登記により公示されているとみることができ、(四) 対抗要件を備えた債権譲渡が物上代位に優先するものと解するならば、抵当権設定者は、抵当権者からの差押えの前に債権譲渡をすることによって容易に物上代位権の行使を免れることができるが、このことは抵当権者の利益を不当に害するものというべきだからである。」という理由で、抵当権者は、物上代位の目的債権が譲渡され第三者に対する対抗要件が備えられた後においても自ら目的債権を差し押さえて物上代位権を行使することができるとした（注5）。最三小判平10．2．10（金法1508号73頁）も同様の判断を示している。しかし、転付命令との関係では、最三小判

平14．3．12（民集56巻3号555頁・金法1648号53頁）は、「転付命令は、金銭債権の実現のために差し押さえられた債権を換価するための一方法として、被転付債権を差押債権者に移転させるという法形式を採用したものであって、転付命令が第三債務者に送達された時に他の債権者が民事執行法159条3項に規定する差押等をしていないことを条件として、差押債権者に独占的満足を与えるものであり（民事執行法159条3項、160条）、他方、抵当権者が物上代位により被転付債権に対し抵当権の効力を及ぼすためには、自ら被転付債権を差し押さえることを要し（最一小判平13．10．25民集55巻6号975頁）、この差押えは債権執行における差押えと同様の規律に服すべきものであり（同法193条1項後段、2項、194条）、同法159条3項に規定する差押えに物上代位による差押えが含まれることは文理上明らかであることに照らせば、抵当権の物上代位としての差押えについて強制執行における差押えと異なる取扱いをすべき理由はなく、これを反対に解するときは、転付命令を規定した趣旨に反することになるからである。」という理由で、抵当権の物上代位の目的となる債権に対する転付命令は、これが第三債務者に送達される時までに抵当権者により当該債権の差押えがされなかったときは、その効力を妨げられないとした。

この判決で引用されている最一小判平13．10．25（金法1638号37頁）は、「民法372条において準用する同法304条1項但し書きの「差押え」に配当要求を含むものと解することはできず、民事執行法154条および同法193条1項は抵当権に基づき物上代位権を行使する債権者が配当要求をすることは予定していないからである。」と判示して、抵当権に基づき物上代位権を行使する債権者は、他の債権者による債権差押事件に配当要求をすることによって優先弁済を受けることはできないとした。抵当権者が物上代位により賃料債権を差し押さえたときの一般債権者と抵当権者の優劣について最一小判平10．3．26（民集52巻2号483頁・金法1518号35頁）は、「一般債権者による債権の差押えの処分禁止効は差押命令の第三債務者への送達によって生ずるものであり、他方、抵当権者が抵当権を第三者に対抗するには抵当権設定登記を経由することが必要であるから、債権について一般債権者の差押えと抵当権者の

物上代位に基づく差押えが競合した場合には、両者の優劣は一般債権者の申立てによる差押命令の第三債務者への送達と抵当権設定登記の先後によって決せられ、右の差押命令の第三債務者への送達が抵当権者の抵当権設定登記より先であれば、抵当権者は配当を受けることができないと解すべきである。」と判示した（注6）。

最二小決平12．4．14（民集54巻4号1552頁・金法1585号30頁）は、「民法372条によって抵当権に準用される同法304条1項に規定する「債務者」には、原則として、抵当不動産の賃借人（転貸人）は含まれないものと解すべきである。けだし、所有者は被担保債権の履行について抵当不動産をもって物的責任を負担するものであるのに対し、抵当不動産の賃借人は、このような責任を負担するものではなく、自己に属する債権を被担保債権の弁済に供されるべき立場にはないからである。同項の文言に照らしても、これを「債務者」に含めることはできない。また、転貸賃料債権を物上代位の目的とすることができるとすると、正常な取引により成立した抵当不動産の転貸借関係における賃借人（転貸人）の利益を不当に害することにもなる。もっとも、所有者の取得すべき賃料を減少させ、又は抵当権の行使を妨げるために、法人格を濫用し、又は賃貸借を仮装した上で、転貸借関係を作出したものであるなど、抵当不動産の賃借人を所有者と同視することを相当とする場合には、その賃借人が取得すべき転貸賃料債権に対して抵当権に基づく物上代位権を行使することを許すべきものである。」と判示し、原則として転貸賃料債権には物上代位権は及ばないとした。

最三小判平13．3．13（民集55巻2号363頁・金法1611号92頁）は「物上代位権の行使としての差押えのされる前においては、賃借人のする相殺は何ら制限されるものではないが、上記の差押えがされた後においては、抵当権の効力が物上代位の目的となった賃料債権にも及ぶところ、物上代位により抵当権の効力が賃料債権に及ぶことは抵当権設定登記により公示されているとみることができるから、抵当権設定登記の後に取得した賃借人に対する債権と物上代位の目的となった賃料債権とを相殺することに対する賃借人の期待を物上代位権の行使により賃料債権に及んでいる抵当権の効力に優先させる理

由はないというべきであるからである。」として、抵当権者が物上代位権を行使して賃料債権の差押えをした後は、抵当不動産の賃借人は、抵当権設定登記の後に賃貸人に対して取得した債権を自働債権とする賃料債権との相殺をもって、抵当権者に対抗することができないとし、これは、あらかじめ相殺の合意をしていた場合でも同じであるとした。しかし、敷金返還請求権との関係では、最一小判平14．3．28（民集56巻3号689頁）は、「賃貸借契約における敷金契約は、授受された敷金をもって、賃料債権、賃貸借終了後の目的物の明渡しまでに生ずる賃料相当の損害金債権、その他賃貸借契約により賃貸人が賃借人に対して取得することとなるべき一切の債権を担保することを目的とする賃貸借契約に付随する契約であり、敷金を交付した者の有する敷金返還請求権は、目的物の返還時において、上記の被担保債権を控除し、なお残額があることを条件として、残額につき発生することになる。これを賃料債権等の面からみれば、目的物の返還時に残存する賃料債権等は敷金が存在する限度において敷金の充当により当然に消滅することになる。このような敷金の充当による未払賃料等の消滅は、敷金契約から発生する効果であって、相殺のように当事者の意思表示を必要とするものではないから、民法511条によって上記当然消滅の効果が妨げられないことは明らかである。

　また、抵当権者は、物上代位権を行使して賃料債権を差し押さえる前は、原則として抵当不動産の用益関係に介入できないのであるから、抵当不動産の所有者等は、賃貸借契約に付随する契約として敷金契約を締結するか否かを自由に決定することができる。したがって、敷金契約が締結された場合は、賃料債権は敷金の充当を予定した債権になり、このことを抵当権者に主張することができるというべきである。」として、敷金が授受された賃貸借契約に係る賃料債権につき抵当権者が物上代位権を行使してこれを差し押さえた場合においても、当該賃貸借契約が終了し、目的物が明け渡されたときは、賃料債権は、敷金の充当によりその限度で消滅するとした。

　このように、判例は、抵当権は、抵当権に優先する権利から発生する果実、代物にも及ぶとして、それらの抵当権設定後の処分との関係では、抵当権には公示があるとして抵当権を優先させている。民法304条の「払渡し又は引

渡し」に転付命令は含むが債権譲渡は含まないとしている。

なお、抵当権者が、賃料債権を物上代位で差し押さえて回収した場合、その後不動産競売で売却されたときに優先弁済を受けられる範囲（民法375条）がどのようになるかについての判例はない（注7）。

4 破産と物上代位

破産手続は担保権者を拘束しないので、破産手続開始決定前に抵当権者が物上代位により賃料を差し押さえていたときは、その差押えは別除権の行使であり、破産手続開始決定により何の影響も受けない（注8）。

破産手続開始決定後に抵当権者が物上代位により賃料債権を差し押さえることができるか否かは、破産手続開始決定を民法304条1項の払渡しまたは引渡しと同視できるか、払渡しまたは引渡しと同視できないとしても、差押えは、抵当権者自身が行う必要があるか否かにより決まることとなる。民法304条の差押えは、主として第三者を保護するためのもので、第三者が差押えをしても支払がなされるまでは抵当権者が差押えをして物上代位権を行使することができる。破産手続開始決定は、破産者の財産管理権を奪い、破産管財人に破産者の財産の管理処分権を付与するものに過ぎない。破産債権者との関係では、全債権者のための差押えということができる。したがって、破産手続開始決定があると債権が差し押さえられたと同じ状況になるだけで、抵当権者が物上代位による差押えをして優先権を主張することは何ら妨げられない（注9）。なお、抵当権者は不動産収益執行の申立て、不動産競売の申立てもでき、不動産競売の申立てでは物上代位による差押えは影響を受けないが、不動産収益執行の申立てがあると物上代位による債権差押えはその効力を停止する（民事執行法93条の4）。

次に、抵当権者が物上代位権を行使する前に、破産管財人が賃料債権を取り立てた場合に、抵当権者は破産財団に対し不当利得返還請求権を行使できるかが問題となる。その前提として、破産手続が開始されていない状態で、被担保債権の不履行があった後一般債権者が賃料債権差押えにより取り立てた場合は、抵当権者は一般債権者に対して不当利得返還請求が可能であろうか。

民法371条により被担保債権の不履行と同時に抵当権の効力が賃料債権にも及ぶとすると、抵当権者は不当利得返還請求権を行使できることとなる。また、民法371条が準用する民法304条の払渡しまたは引渡し前の差押えを第三債務者保護のため（判例）のものと捉えた場合も同じ結論となる。
　確かに、抵当権は不動産登記簿上に記載されている（登記していない場合は、一般債権者に抵当権の存在を対抗できない）から、賃料差押え前に登記簿謄本を閲覧すると優先される抵当権の存在の有無はわかるが、被担保債権の不履行の有無は外観上はわからず、一般債権者としては差し押さえて取り立てても不当利得で吐き出さなければならないか否か不安定な立場に立たされることとなる（しかも、当該時点における目的物件の価値からみて抵当権者が不動産競売で満足を得られることが明らかな場合は、不当利得返還請求権が成り立つか微妙である）（注10）。これに対して、物上代位権は、物上代位権者による目的債権の差押え以前はいまだ浮動的な権利であり、差押えによって効力を保全されると考えると、物上代位権者が差し押さえる以前はいまだ権利が確定していなかったのだから不当利得の問題は生じないこととなる（注11）。
　これを前提に破産の場合について検討すると、差押えの有無にかかわらず抵当権の効力が賃料債権に及んでいるとすると、破産管財人は賃料を回収したときは破産法184条4項を準用して回収した金銭を分別管理し、それに対し別除権が及ぶこととなる（注12）。破産管財人が分別管理しなかったために回収金が破産財団に混入したときは、物上代位権者は弁済額に相当する不当利得返還請求権を取得し、これを破産管財人に対して財団債権として行使することとなる（注13）。他方、抵当権者が物上代位による差押えをするまでは物上代位権は浮動的で、差押えにより初めて確定するという立場に立つと、物上代位権者が差し押さえる以前に破産管財人が取り立てても破産財団に不当利得は発生しない。破産管財人は、その管理処分権に基づいて取り立てるものであるが、回収しても財団の増殖に役立たないということとなると債権取立意欲を失うこととなる（注14）。物上代位権は物上代位権者による目的債権の差押え以前は、いまだ浮動的な権利であり、差押えによって効力を保全されると考え、差押え以前の賃料を回収したことで破産財団には不当

利得は生じないと解するべきである。

　通常は考えにくいことではあるが、破産管財人が賃料債権のみを譲渡したとしても、抵当権者は物上代位権により賃料債権を差し押さえることができる（注15）。差押え前に賃借人（第三債務者）が賃料譲受人に支払っているときは、その分については物上代位権の行使は失敗に終わる。不動産競売、任意売却で抵当権が消滅した場合は、物上代位権も消滅する（注16）。これもあまり考えられないが、抵当権付きで目的物を売却したときは、物上代位権は存続する。

5　民事再生

　民事再生手続は、担保権者を拘束しない。抵当権者が民事再生手続開始前に物上代位により債権差押決定を受けていたときは、そのまま効力が認められ、債権を回収できる。また、民事再生手続開始の申立て後、さらに開始決定があった後に物上代位により債権を差し押さえることも可能である。これに対し、再生債務者は、民事再生法31条により担保権実行手続の中止命令を求めることが可能である。しかし、中止命令によっても差押えの処分禁止効は残るので、再生債務者が物上代位の対象となった債権を自由に使えることとならない（注17）。また、再生債務者は担保権消滅手続を利用することが可能である（注18）。

　他方、担保権者が物上代位による差押えをしない間は、再生債務者、管財人は物上代位の対象となる債権を回収することができ、回収した場合は、抵当権者の優先権は取り立てた金銭の上に及ばない。

6　会社更生手続

　会社更生手続申立て時に既に抵当権に基づく物上代位で債権差押えがなされていた場合、裁判所は必要があると認めるときは利害関係人の申立てあるいは職権で、物上代位に基づく債権差押えを会社更生手続開始の申立てに対する決定があるまでの間、中止することができる（会社更生法24条1項）。中止だけでは、抵当権者が取立ができないだけでなく、更生申立会社も賃借人

から取立ができないので、会社更生法24条5項は開始前会社の事業の継続のために特に必要があるときは裁判所は強制執行の取消しを命ずることができるとしている。また、未だ物上代位による差押えがなされていないときは、包括的禁止命令により差押えを禁止することができる（会社更生法25条）。また、会社更生手続開始決定後は、新たに抵当権実行の申立てを行うことは禁止され、既になされている手続は中止される（会社更生法50条1項）。

しかし、中止だけでは差押えの効力はあるので、更生管財人は、更生のため必要なときは手続の取消しを裁判所に求めることができる（会社更生法50条6項）。なお、物上代位権は独立の更生担保権としては扱われない。更生担保権の目的である財産の価格の算定に関しても、物上代位権を考慮する必要はない。なぜなら、そのような賃料等を得ることができる抵当目的物の価額を算定するからである（注19）。

7　実務上の留意点

破産、民事再生の手続開始により物上代位権が影響を受けることはない。他方、物上代位権を行使しない間に管財人、再生債務者により賃料等の債権が回収された場合は、もはや、その部分について優先的回収はできないこととなる。

抵当権の目的物が滅失、毀損したことにより破産者、再生債務者が受け取る金銭については、発生次第物上代位により差押えをする必要がある。賃料についても物上代位は可能である。しかし、抵当権の対象たる物件が賃貸用建物で、賃貸借契約で賃料と共益費が一本化している場合、その全額を物上代位権の行使で差し押さえると、破産管財人が目的物の十分な管理をしなかったり目的物を財団から放棄し、その結果賃借人が退去したり、建物が傷み、建物の価値を下げ、競売等による回収金額が低くなることもある。したがって、破産手続中に賃料に対する物上代位権を行使するにあたっては、この点を十分注意する必要がある。また、破産手続による配当時までに別除権により回収できない額が確定しないと配当を受けられなくなるので、物上代位権行使と並んで抵当目的物の任意売却、競売申立手続を進めておく必要がある。

民事再生の場合も物上代位により賃料差押えで目的物の管理が充分に行われなくなること、あるいは再生債務者の再生自体を困難にするおそれについては十分検討する必要がある。また、建物の維持管理、退去した賃借人の補充等を考えると、賃料債権の物上代位ではなく、担保権の収益執行を検討すべきである（注19）。

（注1） 物上代位権を否定するものとして鈴木禄彌『物権法講義〔4訂版〕』205頁、内田貴『民法Ⅲ〔第2版〕』397頁、道垣内弘人『担保物権法〔第2版〕』145頁。
（注2） 大判明40.3.12（民録13輯265頁）はこれを肯定する。学説の紹介として田村諄之輔「保険金請求権に対する物上代位」北沢正啓＝浜田道代編『商法の争点Ⅱ』280頁。実務上は、火災保険金に質権を設定しているので物上代位権を認めるか否かは問題とならない。しかし、火災保険金に対する物上代位権を肯定すると、抵当権者と火災保険金の質権者が異なる場合、物上代位権と質権の優劣が問題となる。近時の判例の流れからすると、抵当権設定登記と質権の対抗要件取得日の前後で決まることとなると推測される。学説の概観について西島梅治「物上代位と保険金請求権上の質権との優劣」北沢＝浜田編・上掲・282頁以下。
（注3） 学説については、松岡久和「物上代位権の成否と限界（1）―賃料債権に対する抵当権の物上代位の是非」金法1504号6頁以下、生熊長幸『物上代位と収益管理』64頁以下に詳しく紹介されている。
（注4） 平成15年の民法改正で、民法371条が被担保債権の不履行があったときはその後に生じた果実について抵当権の効力を認めたことが、賃料に対する物上代位の成否にどのような影響を与えるかが問題となる。道垣内・前掲注1・147頁は、「直接には後に述べる担保不動産収益執行に対して実体法上の根拠を与えることを目的とするものであり、物上代位の肯否には影響を与えるものではないともいえる。しかし、抵当権の性質を根拠にして賃料債権に対する物上代位権を否定することはもはや素直でないであろう」とする。

また、内田・前掲注1・402頁は民事執行法が担保不動産収益執行を認め、民事執行法188条で同法93条の4を準用し差押命令との調整規程を設けたことから、現行法が賃料に対する物上代位を認めたと解釈せざるを得ないとする。

立法論としては、抵当権の目的物の賃貸により抵当権設定者が受け取る賃料に物上代位権を認める必要はない。抵当権設定前に当該目的物が賃貸されているときは、抵当権者は「賃貸中の物」を抵当権の対象として評価できるから、賃料に物上代位を認めなくても抵当権者を害することはない。また、賃料を独立して債権担保に供し得ることになり金融上の問題も生じない。抵当権設定後の賃貸も、賃貸という利用形態により目的物自体の価値が減少するものでないこと、設定者の自己使用の場合に、賃料相当額に物上代位を認めるのでなければ自己使用と賃貸による利用とバランスがとれないことから、立法論としては物上代位は認める必要がない。解釈論としては、民法374条が民法304条を準用し、民法304条が賃貸により債務者が受け取る金銭に対しても行使できるとしていることから物上代位の対象となり得ることは認めざるを得ない。ただ、民法371条が新設されたことから、抵当権については民法304条で、被担保債権の不履行後に生じた賃料に抵当権の効力が及んでいるのであるから、民法304条の準用にあたっては賃貸によって債務者が得るべき金銭を除いて解釈する方が妥当であるといえる。他方で、民法371条は、差押えを要件としないで、被担保債権に不履行があった後に生ずる抵当不動産の果実に抵当権の効力が及ぶとしている。

　そうすると、抵当権設定前の賃貸借契約から生ずる賃料については、民法304条を制限的に解釈し、物上代位の対象とならない。抵当権設定後の賃貸借の賃料は、物上代位の対象となるが、被担保債権について不履行があった後は民法304条の適用でなく、民法371条が適用される。民法371条は差押えを要件としていないので、被担保債権について不履行があったときは、当然に法定果実である賃料にも抵当権の効力が及ぶこととなる。このように解すると、債務者が被担保債権の不履行後に賃料を受け取り一般財産に混入した場合に抵当権者の優先権はどうなるか、あるいは、被担保債権の不履行前に賃料債権の譲渡がなされ、賃借人が譲受人に支払を続けた場合、譲受人は抵当権者に不当利得返還義務が生ずるかという問題が発生する。抵当権の効力が及んでも抵当権者が抵当権を実行するまでは、目的物の使用、収益は設定者に委ねられているのだから、被担保債権の不履行後も抵当権の効力が及んでいる賃料に対する抵当権の実行としての債権差押えまたは担保権収益執行による差押えがあるまでは抵当権設定者が賃料を収受する権利があると解すべきである。なお、民法371条の果実に

抵当権設定前に締結された賃料を含むか議論する価値があるが、担保権収益執行により不動産全体の管理権は管理人に移るが、優先弁済権は抵当権設定前の賃料には及ばないと解することもできる。

(注5) 本判決は、抵当権が登記により公示されているという点を重視している。それゆえに最三小判平17.2.22（金法1740号28頁）は、抵当権と異なり公示方法の存在しない動産売買の先取特権については、払渡しまたは引渡し前に差押えすることに物上代位の目的債権の譲受人等の第三者の利益を保護する趣旨を含むべきであり、そうすると目的債権が譲渡され第三者対抗要件を備えた後は差押えできないとしている。

(注6) 最三小判平9.2.25（金法1490号58頁）は、一般債権者による差押えと物上代位による差押えが競合し第三債務者が誤って劣後する一般債権者に支払い、物上代位権者に二重払いしたときは、一般債権者に不当利得返還請求できるとした。

(注7) 物上代位による差押えでそのときの利息・損害金の最後の2年分について弁済を受け、後日不動産競売を申し立てて配当を受けるときは、配当時の利息・損害金の最後の2年分について配当を受けることができるかという問題がある。

(注8) 福永有利「倒産手続における物上代位—破産手続・会社更生手続における物上代位権の取扱—」（『倒産法研究』190頁（初出金法1512号6頁・1513号18頁））。

(注9) 福永・前掲注8・191頁以下。なお、最一小判昭59.2.2（民集38巻3号431頁・金法1056号44頁）は、動産売買の先取特権の事案で破産宣告（現在の破産手続開始決定）後の物上代位権の行使について認めている。

(注10) 道垣内・前掲注1・151頁。

(注11) 道垣内・前掲注1・151頁。

(注12) 山本克己「抵当権に基づく賃料債権に対する物上代位の効果と手続についての覚書」法学論叢142巻5・6号80頁以下、122頁。

(注13) 山本・前掲注12・122頁。山本教授は、不足額の原則が適用されるとする。

(注14) 福永・前掲注8・192頁。

(注15) 賃料債権が譲渡され、物上代位による差押えがなされる前に発生しまだ支払われていない賃料について、判例の立場では物上代位権が及ぶこととなる。これに対し、松岡久和「賃料債権の譲渡と物上代位の優劣」民商法雑誌120巻6

号1020頁は、差押え前に既に発生している賃料債務は物上代位権が保全される前に既に債務者の責任財産から逸失しており債務者が受けるべき金銭でなくなっているとする。

(注16) 最三小判平10.3.24（民集52巻2号399頁・金法1519号109頁）は、建物の賃料債権差押えの後に、債務者が建物を譲渡しても、建物の譲受人は建物の賃料債権を取得したことを差押債権者に対抗することはできないとするが、この判例が直ちに物上代位による差押えにも妥当するか否か疑問である。少なくとも、抵当権に基づく物上代位の場合は、抵当権が競売、合意、抵当権消滅手続で消滅した場合には、物上代位権も消滅すると考えるべきである。

(注17) 大阪高決平16.12.10（金商1220号35頁）は、物上代位に係る差押命令を中止しても、再生債務者の事業の継続に有利な効果はないとして、中止命令の申立てを却下した。

(注18) 松岡久和「倒産手続における物上代位」野村豊弘ほか『倒産手続と民事実体法』（別冊ＮＢＬ60号）118頁。

(注19) 会社更生について松岡・前掲注17・108頁および117頁以下。

(注20) 賃料債権の物上代位の場合も担保権の収益執行の場合も、破産法70条との関係が問題となる。いずれの場合も破産者が有する賃料債権を抵当権者が取り立てていると考えると、賃借人は抵当権者・管理人に支払う際に破産管財人および抵当権者に寄託請求をし、敷金返還請求権が現実化したときに抵当権者に返還を請求できると考えるべきである。民事再生の場合は民事再生法92条3項が、会社更生の場合は会社更生法48条3項が、敷金返還請求権を共益債権化するだけなので、抵当権者・管理人への弁済を再生債務者・管財人への弁済として扱い、敷金返還請求権は共益債権となると考えるべきである。山本和彦「倒産手続における敷金の取扱い（1）」ＮＢＬ831号16頁以下参照。

（やぶき　てつお）

③ 抵当権
(3) 会社更生における更生担保権としての取扱い

弁護士　森川和彦

1　はじめに

　抵当権は、担保目的物の交換価値を優先的に把握する典型的な担保物件であり、与信先が倒産した場合に最もその機能を発揮することが期待される。このことから、抵当権は、破産手続、民事再生手続においては別除権とされ、これら手続によることなく、任意の時期に換価手続を実行する等、原則として自由に行使することができる。しかし、企業再生の大鉈とでもいうべき会社更生手続においては、更生担保権となって全面的に更生手続に拘束されてしまう。すなわち、抵当権者は、そのイニシアティブを事実上失い、以後、更生手続の進行に従って権利を行使することになるのである。

2　更生担保権

（1）抵当権は、会社更生手続では更生担保権となる。抵当権には順位があるが、目的物の価額によって担保される限り、更生担保権者としての地位に差異はない。しかし、同一の目的物に複数の抵当権が設定されている場合、後順位抵当権の目的物の価額によって担保されない部分は更生債権となる。

　更生担保権とは、更生手続開始当時更生会社の財産につき存する担保権の被担保債権であって更生手続開始前の原因に基づいて生じたものまたは会社更生法2条8項各号に掲げるもの（更生債権）のうち、当該担保権の目的である財産の価額が更生手続開始の時における時価であるとした場合における当該担保権によって担保された範囲のものをいう（会社更生法2条10項）。例えば、ある債務者に対し、A銀行が1億円、B銀行が5000万円、C銀行が3000万円の債権を有し、その債務者所有の土地について、それぞれ第一順位、

第二順位、第三順位の抵当権が設定登記され、当該土地の更生手続開始時の時価が1億3000万円というケースでは、A銀行の1億円とB銀行の3000万円がそれぞれ更生担保権となり、B銀行の残り2000万円とC銀行の3000万円は更生債権となる。なお、利息等のうち更生担保権となるのは、更生手続開始後1年を経過する時（その時までに更生計画認可の決定があるときは、当該決定の時）までに生ずるものに限られる（同法2条10項ただし書）。

（2）ア　このように、抵当権の目的物の評価によって更生手続内での権利範囲が決まるため、抵当権者にとって目的物の評価は非常に重要である。この目的物の評価の過程を手続的に概観すると、抵当権者は、まず、目的物の評価を自ら行って届出をし、管財人がこれに対して認否し、他の更生担保権者等による債権調査を経て、更生担保権の内容が確定される（会社更生法150条）。この際、管財人と抵当権者との間で目的物の評価が最後まで一致せず、抵当権者に不服があるときには、担保権（本稿では抵当権）の目的である財産についての価額決定の申立て（同法153条）を行って争うことになる（詳細は後述する）。

　イ　ところで、管財人は、財産評定の際、当該目的物件の価額を評価していることから、債権調査での認否は、その評価を踏まえて行われるので、抵当権者としては財産評定の結果を看過することはできない。ちなみに、財産評定の評価は資産に関する調査の問題であり、更生担保権の目的物の評価は負債に関する評価の問題であるから、その評価方法が同一である必然性はないが、会社更生法は、政策的な見地から同一の「時価」という基準を採用している（会社更生法83条2項、2条10項）。

　ウ　それでは、時価とは何か。会計学上、一般に、時価は、企業が現に保有している資産を、その評価時点における市場価格または経済価値に基づいて評価した額とされる。では、抵当権者はどうやって時価を求めるか。会社更生法は、担保権の目的物算定の具体的方法については、直接規定していないため、評価方法は抵当権者に委ねられている。しかしながら、前述した担保権の目的である財産についての価額決定の手続において、評価人は、取引事例比較法、収益還元法、原価法その他の方法を適切に用いなければならな

いことになっているので（会社更生規則48条、民事再生規則79条2項）、抵当権者としてもこれら実務で採用される評価方法を用いることになるであろう。

　エ　なお、裁判所は、財産評定の基礎となった資料、資産の評価方法を記載した書面等のうち、利害関係人の閲覧に供する必要が高いと認める資料等については管財人に提出させることができ（会社更生規則23条）、この場合には、これら資料を閲覧することができるので（会社更生規則8条1項、会社更生法11条1項）、抵当権者としては、これらを参考にすることができる。

（3）ア　さて、更生手続が開始されると、抵当権者は、物上代位を含め新たに抵当権の実行、例えば競売の申立てをすることはできなくなる（会社更生法50条1項）。また、抵当権に基づく実行手続を既に開始していたとしても、更生手続開始が申し立てられれば、利害関係人の申立てまたは職権により裁判所によって中止を命じられることがあるし（同法24条1項2号）、更生手続が開始されれば、実行手続は当然に中止される（同法50条1項）。さらに、更生のために必要があるときは、裁判所は管財人の申立てまたは職権により、抵当権の実行手続を取り消すことができるのである（同法50条6項）。

　イ　なお、裁判所は、更生計画案を決議に付する旨の決定があるまでの間、更生担保権に係る担保権の目的財産で、更生会社の事業の再生に必要でないことが明らかなものについては、管財人の申立てによりまたは職権で、当該財産について会社更生法50条1項の規定による担保権の実行としての競売の禁止を解除する旨の決定をすることができる（同法50条7項）。このような財産の個別処分を認めても会社再建には影響しないし、更生会社にとって、当該財産の管理費用等の負担を免れるという利益がある上、担保権者においても早期に換価することで時間の経過による減価の危険を避けられる等のメリットがあるからである。

　ウ　ところで、管財人において抵当権の目的物を換価する必要がある場合には、担保権消滅請求手続（会社更生法104条以下）を取るほか、抵当権者の同意を得て、他の目的物に担保を変換することができるが（同法72条2項9号）、これらについては本書第2部⑨馬杉論稿および⑩多比羅論稿を参照されたい。

3　更生手続参加

(1) 届出と失権

　抵当権者は、その権利を行使するためには、更生手続に参加する必要がある。具体的には、債権届出期間内に抵当権の内容、原因、抵当権目的財産およびその価額、各抵当権についての議決権額を届け出なければならない（会社更生法138条2項）。もし期間内に届け出なければ、更生手続において失権し（同法204条1項）、一切弁済を受けることができなくなってしまう。この点は、会社更生手続が破産や民事再生と異なる最大の特徴であって注意を要する。

(2) 債権調査

　ア　抵当権者が届け出た更生担保権については、その存否、内容、議決権の額等について債権調査がなされる（会社更生法144条以下）。調査の対象となる事項は、①各更生担保権の内容および原因、②担保権の目的である財産およびその価額、③各更生担保権についての議決権の額のほか、最高裁判所規則で定める事項すなわち更生担保権者の氏名・名称・住所、議決権を有しないときはその旨、執行力ある債務名義または終局判決のあるときはその旨である（会社更生規則43条2項）。このうち担保権の目的である財産の価額は、平成14年の改正で独立の調査対象とされたものである。

　イ　これらの調査は、管財人が作成した認否書および更生担保権者等の書面による異議に基づいて実施される（会社更生法145条、147条、148条）。調査期日が設けられるわけではない。管財人は、債権届出期間内に届出があった更生担保権等について、裁判所の定める期限までに、更生担保権の内容、議決権等についての認否を記載した認否書を作成して裁判所に提出する（同法146条1項・3項、会社更生規則45条）。この認否書は、利害関係人の閲覧・謄写に供される（会社更生法11条1項・2項）。その後、届出をした更生担保権者等が、一般調査期間内に、裁判所に対し、届出があった更生担保権の内容、議決権等について、書面で異議を述べる（同法147条1項、会社更生規則46条）ことになる。

ウ　抵当権者は、前述したように期間内に届け出ないと失権してしまうが、抵当権者の責めに帰することができない事由により届出期間内に届出ができなかったときには、その事由が消滅した後1カ月以内に限って届出をすることができ、裁判所は特別調査期間を定める（会社更生法148条1項）。この特別調査期間に関する費用は、抵当権者が負担する。特別調査期間の場合も、一般調査期間と同様、書面調査の方式が取られている。また、管財人は、知れている更生担保権者等であって、更生担保権等の届出をしておらず、かつ、債権届出期間内に届出をしないおそれがあると認められる者に対しては、債権届出期間の末日までの間に、届出をするのに必要な期間を置いて、届出期間の末日を通知するものとされている（会社更生規則42条）。なお、会社更生法では、民事再生法における自認債権の制度は採用されていないので、その分、民事再生手続の場合よりも失権の可能性は大きく注意が必要である。

(3) 更生債権等査定決定

　ア　更生担保権等の調査において、管財人が認め、かつ、届出をした更生債権者等および株主等が調査期間内に異議を述べなかったときは、更生担保権の内容、議決権等は確定する（会社更生法150条1項）。確定した事項についての更生担保権者表の記載は、更生債権者等および株主等の全員に対して確定判決と同一の効力を有する（同法150条3項）。

　イ　これに対して異議等のあった権利については、まず、査定手続によって確定を図り、査定結果に不服のある場合にのみ異議の訴えが提起できる（会社更生法151条以下）。すなわち、抵当権者等は、管財人が認めず、または、他の債権者等から異議が述べられた場合には、異議を述べた債権者等の全員を相手方として、調査期間の末日から1カ月以内に査定の申立てをすることができる（同法151条1項本文、2項）。裁判所は、この申立てがあると、不適法として却下するべき場合を除き、異議者等を審尋した上で更生債権等査定決定をする（同条3項・4項）。ただ、申し立てた抵当権者等は、自己が届出の際、権利の内容として主張し、その結果、更生担保権者表に記載されるに至った事項のみを主張することができる（同法157条）。これは、更生担保権者表に記載されていない事実の主張を認めると、調査手続を経ないでいきな

り権利の確定を求める結果になるからである。

　ウ　なお、査定の裁判の対象となるのは、異議等のある更生債権等の存否および内容であり、議決権の額は対象にならない。けだし、権利の内容等と同様の方法による厳格な確定を図る必要性が乏しいからである。異議のある議決権については、裁判所が当該議決権を行使させるか否か、いかなる額について行使させるかを定める（会社更生法191条2項4号、192条1項2号）こととされている。

（4）更生債権等査定異議の訴え

　ア　査定申立てに対する決定に不服のある場合、送達を受けた日から1カ月以内に更生裁判所に対して、異議の訴えを提起することができる（会社更生法152条1項～3項）。この場合、異議のある者の全員を被告としなければならない（同条4項）。異議の訴えの口頭弁論は、1カ月の出訴期間が経過した後でなければ開始できないとされ（同条5項）、また、同一の更生債権等に関し更生債権等査定異議の訴えが数個同時に継続するときは弁論および裁判は併合して行うとされる（同条6項）。同一の更生債権等については、一体的な審理を行うためである。

　イ　異議の訴えにおいても、申し立てた抵当権者等は、自己が届出の際、権利の内容として主張し、その結果、更生担保権者表に記載されるに至った事項のみを主張することができる（会社更生法157条）。

　ウ　このような査定手続と異議の訴えという二段構えの制度は、民事再生手続と共通するもので、手続の迅速化を期待したものである。

（5）担保権の目的である財産の価額の決定

　ア　前述したように抵当権者が届け出た更生担保権の目的の価額について、管財人が認めず、または、これに異議を述べた者があるときは、抵当権者は、まず更生債権等査定の申立てを行い、その後2週間以内に、異議を述べた者等全員を相手方として、担保権の目的である財産の価額の決定の申立てを行うことができる。この際、手続費用として裁判所の定める金額を予納しなければならない。予納しなければ、申立ては却下される（会社更生法153条3項・4項）。

イ　裁判所は、価額決定の申立てがあったときは、不適法として却下するべき場合を除いて、評価人を選任し、目的財産の評価を命じる。そして、この評価に基づいて担保目的財産の価額を定めることになるのである（会社更生法154条2項）。なお、手続の明確性を重視したため、評価人の選任は必要的とされている。

ウ　この裁判に不服があるときは、即時抗告をすることができる（会社更生法154条3項）。異議訴訟のようなものは用意されていない。この点は、民事再生手続の担保権消滅請求手続における価額決定制度と同様である。

エ　この決定手続に要する費用は、①決定価額が抵当権者による届出額と同じかこれを上回る場合には、価額決定申立ての相手方である異議者等が費用の全部を、②決定価額が異議等のない価額と同じかこれを下回る場合には抵当権者が費用の全部を、③上記①・②以外の場合には、負担者も含めて裁判所の裁量により、それぞれ負担する（会社更生法154条5項）。

（6）共通する目的物に設定された複数の抵当権

ア　実務上、本稿冒頭の例のように同じ土地の上に複数の抵当権が設定される例は多い。この場合、管財人が目的物の時価を1億3000万円と評価して冒頭のように認否しても、A銀行にとっては不服はないであろうし、B銀行もやむを得ないと納得するかもしれない。そのため、A銀行およびB銀行の更生担保権がそのまま確定したとする。しかし、C銀行としては、もともと余剰の担保価値があると評価して抵当権を設定したわけであるから争いたいと考え、更生債権等査定の申立てを行った上、担保権の目的である財産の価額の決定の申立てを行うことが考えられる。この結果、例えば目的物の価額が1億6000万円と評価され、確定したとすると、C銀行の更生担保権はどうなるか。

イ　担保権の目的物の価額を超える部分は更生債権となるので、共通する目的物に複数の抵当権が設定された場合には、目的物の価額を抵当権の順位に従って、割り付けていくことになる。しかし、目的物の価額は、関係当事者間で合一的に確定しているわけではないため、このような問題が生じるのである。従前、この問題は、2つの考え方で争われていた。

第1は、既に確定したＡ銀行およびＢ銀行の更生担保権の額は変わらないものの、Ｃ銀行の更生担保権の算定には、先順位のＡ銀行およびＢ銀行に割り当てられるべきであった金額を控除するという按分説であり、この説によるとＣ銀行の更生担保権の額は、1000万円となる（1億6000万円－1億円－5000万円＝1000万円）。その理由は、①更生手続開始当時に後順位抵当権者の被担保債権が実質的に担保されている範囲は、目的物の価額から先順位の抵当権の被担保債権額を控除した額のはずで、それ以上の優先的な手続上の地位を認める必要はないこと、②先順位の抵当権者がいわば権利放棄したために生じた利益は後順位抵当権者ではなく更生債権者や株主に帰属させるのが公平であることである。

　これに対して第2の考え方は、既に確定したＡ銀行およびＢ銀行の更生担保権は変わらず、査定で増加した額は、すべてＣ銀行の更生担保権の額に割り当てられるという優先説であり、この説によるとＣ銀行の更生担保権の額は、3000万円となる（1億6000万円－1億円－3000万円＝3000万円）。その理由は、①先順位抵当権者は優先的な手続上の地位を放棄したのであるから、後順位抵当権者の手続上の結果に従うべきである、②後順位抵当権者は、担保権目的物の価額を自らの負担で争ったのであるから、そのいわば成果は後順位抵当権者に帰属させるのが公平であることである。

　下級審の裁判例は両説に分かれていたが、平成14年の会社更生法改正において按分説が採用され、この問題は立法的に解決された。すなわち、担保権の目的である財産を共通にする更生担保権のうち確定した1つの更生担保権についての①更生担保権の内容、②担保権の目的である財産の価額、③更生担保権が裁判により確定した場合の理由中の判断は、更生債権等査定申立てまたは更生債権等の確定に関する訴訟が係属する裁判所を拘束しない（会社更生法159条）とされたのである。また、更生担保権は、①更生手続開始当時更生会社の財産につき存する担保権の被担保債権であって更生手続開始前の原因に基づいて生じたもの、または、②更生債権のうち、当該担保権の目的である財産の価額が更生手続開始の時における時価であるとした場合における当該担保権によって担保された範囲のもの（同法2条10項）であるから、

裁判所としては、確定した担保目的物の価額に拘束されることなく、更生担保権の額を認定することになるのである。

すなわち、前記の例でいえば、目的物の価額が1億6000万円、実体法上これにより担保されるのは第一順位のA銀行が1億円、第二順位のB銀行が5000万円であるから、C銀行が担保されるのは1000万円となり、この1000万円が更生担保権、残り2000万円が更生債権となる。ちなみに、A銀行の1億円、B銀行の3000万円が更生担保権、B銀行の2000万円が更生債権となるのは、冒頭に述べた通りである。

4 更生計画に基づく弁済

（1）更生担保権者の権利は、更生計画によって変更され、更生計画に従って弁済される（会社更生法167条以下）。更生計画案は、管財人が作成し（同法184条1項）、関係人の決議に付される（同法189条1項）。更生担保権者は、決議に参加して議決権を行使するが、その方法には、①関係人集会に出席して議決権を行使する、②関係人集会を開催せず書面等によって投票する方法でのみ議決権を行使する、③関係人集会は開催されるが、出席して議決権を行使するか、書面等投票によって議決権行使をするかを選択して行使する方法が用意されている（同法189条2項）。いずれの方法によるかは、個別具体的な事案における更生債権者等の人数、更生債権者等が関係人集会に出席するための費用等諸事情を勘案して裁判所が決定する。

（2）ア　決議は、①更生担保権者、②一般の先取特権その他一般の優先権がある更生債権、③②以外の更生債権、④残余財産の分配に関し優先的内容を有する種類の株式、⑤④以外の株式の5つの種類の権利の組に分かれて組別に行う。ただ、裁判所は、前記①〜⑤のうち2つ以上の種類の権利を1つの種類の権利とし、また、1つの種類の権利を2つ以上の種類の権利とすることができる（会社更生法196条1項・2項、168条1項）。これは、関係人の権利が質的に異なっているためである。

イ　更生計画案が可決されるためには、各組について定められている法定多数の議決権を有する者の同意が必要である（会社更生法196条5項）。更生

担保権の場合、①更生担保権の期限の猶予の定めをする更生計画案については3分の2以上、②更生担保権の減免の定めその他期限の猶予以外の方法により更生担保権者の権利に影響を及ぼす定めをする更生計画案については4分の3以上、③更生会社の事業の全部の廃止を内容とする更生計画案については10分の9以上の、それぞれ議決権を行使することができる更生担保権者の同意が必要である（同法196条5項2号）。ただし、更生計画の内容は、①不利益を受ける者の同意がある場合、②少額の更生債権等もしくは更生手続開始後の利息の請求権等について別段の定めをしても衡平を害しない場合その他同一の種類の権利を有する者の間に差を設けても衡平を害しない場合以外は、それぞれ平等でなければならない（同法168条1項）。

　ウ　なお、実務上、会社更生計画中には、更生担保権のために従前の担保あるいはそれに替わる担保を設定する条項が盛り込まれることが多いが、法的には、必ずしも更生担保権のために担保権を設定する必要があるわけではない。

　エ　更生計画に定められなかった担保権は、更生計画認可決定によって、すべて消滅する（会社更生法204条1項）。

5　実務上の留意点

　以上のように、抵当権は、更生担保権となって、会社更生手続との関係で制約を受けるため、実務上はこの点に留意する必要がある。他の手続の場合のように、担保は確保しながら、自己のリズムで手続と接するというわけにはいかないのである。特に、設定当初、債務弁済確保の決め手と期待した担保権が、どこまでその機能を発揮するかは、その目的物の時価がどのように決定されるかにかかっているといってよい。旧法では、更生担保権に係る担保権の目的財産としての評価基準は、開始決定時の継続企業価値とされ、その算定基準が一義的には明らかでなかったため、担保権者が管財人の評価を争ってもどうなるかわからず、時間の無駄になりかねないので、争うこと自体をやめて管財人の評定を受け入れることも多かったと思われる。しかし、現行法では、評価基準が「時価」になったため、このような更生計画上処分

価格を下回るような弁済を甘受するような事態は避けられ得ることになった。また、争う方法も整備され、手続の迅速化が図られたので、担保権の目的である財産についての価額決定の申立ての制度を積極的に利用することも検討するべきであろう。裁判所の価額決定に対して、さらに争う場合には、即時抗告を申し立てることになるが、そのためには、抵当権者が目的財産の時価を適確に把握している必要がある。例えば、その目的財産について買付証明があるという程度では、裁判所の理解を得ることは難しいであろう。本文で述べた評価方法に沿って主張や証拠を用意しなければならないのである。

なお、担保権の目的財産で更生会社の事業の更生に必要でないことが明らかなものについては、競売の禁止が解除されることがある。債権者にこの申立権限はなく、管財人の申立か職権により処理されるのではあるが、抵当権者としては、管財人と交渉したり、裁判所の職権発動を促すことも検討する余地があろう。

これらのほか、債権届出期間には特に注意する必要がある。万一、遅れるようなことがあると、担保権があるのにかかわらず失権して、一切弁済を受けられなくなる可能性があるからである。会社更生手続は、破産や民事再生と比べると件数が少ないので、担当者が、破産や民事再生の手続と混同して対応を誤るおそれがある。手続を十分に理解して過誤のないようにしなければならない。

（もりかわ　かずひこ）

4 根抵当権
(1) 極度額の問題

弁護士 須藤 力

1 はじめに

　根抵当権は、金融取引や商取引において圧倒的に広く利用されているが、普通抵当とは異なり、特定の継続的取引契約等によって生ずる不特定の債権を担保するものであり、極度額を前提とする担保制度である。そのため倒産手続においても普通抵当権とは異なる取扱いがなされている。今般の倒産法制度の各改正等に伴って、破産法の改正による配当手続の処理を始めとして、根抵当権の極度額をめぐってもこれまでの法律の規定およびこれに伴う実務の運用に関して変更された点が少なくない。

　以下に破産手続、民事再生手続、そして会社更生手続における根抵当権の極度額に関する取扱いについて、さらに問題点について解説する。

2 破産手続における根抵当権の極度額

（1）　破産手続開始決定により、根抵当権の元本は確定する（民法398条の20第1項4号）。被担保債権に含まれる利息等の範囲について、抵当権の場合は最後の2年分の利息に限定されるのに対し、根抵当権の場合、極度額の範囲内であれば上記の限定はなくすべて含まれる。

　破産手続開始決定後の利息は、劣後的破産債権となるが、この部分も別除権の被担保債権に含まれ、不足額を算出する対象となる。

（2）　支払停止、破産手続開始申立て後に、根抵当権者が債務者以外の第三者から取得した債務者振出または裏書の手形・小切手を取得した場合には、原則としてこの手形等債権は根抵当権の被担保債権とはならない（民法398条の3第2項本文）。なお、根抵当権者が善意で取得した場合は例外とされる

(同項ただし書)。

　本来、破産手続開始決定前であれば、根抵当権は確定しておらず、根抵当権者の取得する債権はすべて被担保債権として扱われるのが原則であり、したがって根抵当権者が債務者から直接振出を受けたり、裏書譲渡された手形等は当然被担保債権に含まれるが、極度額と担保価値に関し余裕がある場合に、根抵当権者が取引先の保有する債務者振出または裏書の手形等を取得して取引先を援助し、または経営不振の取引先から実質的に債権を回収する目的で手形等を取得利用することを防止するために規定されたものである。

(3)　破産手続において根抵当権の極度額は、配当への参加に関して問題となる。

　根抵当権者が極度額を超える被担保債権を有している場合に、その極度額を超える部分について配当参加するために、あらかじめ根抵当権を実行し、その権利行使により弁済を受けられない債権額の証明をしなければ最後配当に加わることができないかどうかについて、旧破産法下においては争いがあり、学説上、実行の上弁済を受けられない額の証明を要せずして配当に参加できるとする説もあったが、実務の運用上は、配当に加えることはできないものとされてきた（東京地決平9.6.19金法1496号42項、東京高決平12.1.20金商1087号3頁）。

　このような実務上の運用は、根抵当権者の配当参加について特段の規定がない以上、抵当権の場合と同様に、別除権者の配当参加についての規定（つまり不足額責任主義を前提とし、最後配当に関する除斥期間内に破産管財人に対して権利の放棄の意思表示をするか確定不足額を証明した場合に限るという扱い）に従うという考え方に基づくものであった。

　しかしながら、現行破産法において、この問題については立法上の解決が図られた。最後配当において、破産管財人は、根抵当権によって担保される破産債権については、確定不足額の証明がなくとも、最後配当の許可があった日における極度額を超える部分の額を「最後配当の手続に参加することができる債権の額」として、配当表に記載しなければならないものとし（破産法196条3項）、最後配当に関する除斥期間内に確定不足額の証明がされた場

合を除き、配当表に記載された上記金額を確定不足額とみなすものとされた (同法198条4項)。

　現行破産法は、もともと根抵当権は極度額の範囲で目的である財産の担保価値を把握しており、極度額を超える部分に優先弁済権はないことから、実行を待たずして当然に確定不足額として扱うべきであるという考え方を採用したものである。

　なお、中間配当に関しても、現行破産法には特段の定めはないが、今回の改正を踏まえた処理が必要となることに注意が必要である (注1)。

3　民事再生手続における根抵当権の極度額

(1)　民事再生手続においても根抵当権は別除権であるが、破産の場合と異なり、再生手続開始は、根抵当権の確定事由とはならない (民事再生法148条6項参照)。

　ところで、別除権者である根抵当権者は、別除権不足額、つまり別除権の行使によって弁済を受けられない額についてのみ再生債権者として権利行使できる (民事再生法88条本文)。本来、別除権不足額は担保権の実行が完了しなければ確定できないが、あらかじめ再生債務者との合意 (別除権協定) により不足額を確定し、その部分の担保権を消滅させ被担保債権額を減少させることによりその部分を一般の再生債権とすることができる (同条ただし書)。なお、被担保債権額を減額する旨の登記が必要となる。

　根抵当権者は、債権届にあたり、別除権行使による別除権不足額の見込額を届け出ることになる (民事再生法94条2項)。

(2)　前記の通り、根抵当権者は、担保権の実行により別除権不足額が確定した場合に限り、不足額について認可された再生計画によって認められた権利または変更された権利を行使できる (民事再生法182条本文)。再生計画の認可確定の時点で不足額債権の部分が未確定の場合には、再生計画において、その権利確定の可能性を考慮の上、権利行使について適確な措置を定めておかなければならない (同法160条1項)。

(3)　根抵当権の元本が確定している場合には、再生計画の中で、被担保債

権のうち極度額を超える部分について、一般的基準(一般の再生債権と同じ基準)に従い、仮払いに関する定めをすることができる(民事再生法160条2項)。
(4) なお、実務の運用上は、事業の継続に不可欠な不動産が目的の場合には、再生計画の策定以前において、根抵当権者と再生債務者間で、被担保債権のうちどの部分を担保債権としての弁済対象とし、残部を一般の再生債権と同様に変更して弁済するか等について協議を行うのが一般的な処理であろうし、それ以外の不動産についても任意処分を前提とした合意等が行われるのが一般であろう。

4　会社更生手続における根抵当権の極度額

(1) 会社更生手続の場合、更生担保権の範囲は、根抵当権については、極度額の限度で、かつ更生手続開始決定時の被担保債権および開始後1年間の利息・損害金のうち根抵当権の目的物の価額によって担保される範囲ということになる(会社更生法2条10項)。極度額の範囲であれば、利息・損害金は2年分に限定されず、その全部について行使することができる。

　更生手続開始決定後1年間の利息・損害金を加えても被担保債権の総額が極度額を下回る場合、更生手続開始決定後1年経過後の利息・損害金も、根抵当権の被担保債権にはなるが、前記の規定の通り、更生担保権としては扱われない(注2)。

　更生債権および更生担保権は債権届をする必要があり、届出がなければ更生手続において失権し、更生計画認可決定によって免責されてしまう(会社更生法204条1項)。なお、被担保債権がゼロであっても根抵当権自体は存在し、更生計画において届出の有無によって失権させることは理論上はできない。実務上は更生計画において根抵当権の元本が確定する旨を定めることがあり、その場合に被担保債権がゼロであると、根抵当権は被担保債権が不存在として消滅することになる。

　被担保債権が極度額を下回る場合、更生計画により、確定した更生担保権に見合う限度で拘束を受けることになる。

　被担保債権が根抵当権の極度額を上回る場合、極度額の全部が更生担保

の目的となっているから、極度額まで更生計画で定めることができる。この場合、根抵当権を普通抵当権に変更することも、根抵当権のまま残存させることもできる（ただし、残存させることを前提に余裕枠を利用できるか否かについては、後記の通り争いがある）。

（２）　新会社更生法は、更生手続開始決定によって根抵当権の元本が確定しないこと（「非確定説」）を前提として立法された（会社更生法104条7項参照。なお、根抵当権の確定の問題については本書第2部⑤中井論稿に譲る）。したがって、更生担保権の範囲が極度額を下回っているときに、目的物の価額から差し引くべき先順位担保権の額は、債権額ではなく極度額ということになる。

そこで、更生手続開始決定後、根抵当権の極度額と被担保債権との差額、つまり余裕枠がある場合に、更生管財人においてこれを利用して根抵当権者から新規の借入れを受けることが考えられる。後順位担保権者にとっては前記の通り極度額まで甘受せざるを得ない以上、更生管財人が余裕枠を利用するのは法律上可能であるとする。ただし、これには異論を唱える説がある(注3)。

更生管財人が余裕枠を利用した場合、後順位担保権者の更生担保権の計算にあたっては、先順位担保権者の極度額全部を控除することになる。その結果、後順位担保権者の更生担保権の額は余裕枠相当分だけ減ることになる（注4）。

余裕枠を利用しない場合、更生担保権の額の基準時である更生手続開始決定時において元本は確定していないため、後順位担保権者の更生担保権の額を計算するにあたって、極度額を控除する考え方と、被担保債権額のみを控除する考え方がある（注5）。

ところで、更生計画の定め方によっては、更生計画認可後も、従前の根抵当権が存続し、更生担保権を担保するとした場合に、更生計画の実行によって更生担保権の弁済が進み極度額に余裕枠ができる。この余裕枠についても当然に共益債権に利用することができる枠が広がるということになるが、本来、更生計画に定まった弁済をすれば、それに見合う担保権が消滅するのが原則である以上、共益債権のための担保枠は広がらないという説がある（注6）。

5 実務上の留意点

(1) 破産について

前述の通り、現行破産法によって根抵当権についてたとえ除斥期間内に確定不足額の証明ができなくとも、極度額超過部分が確定不足額とみなされることになったが、もちろん除斥期間内に根抵当権の実行により確定不足額の証明ができる場合にはその額で配当に参加することになるし、事前に債権者と破産管財人との間で被担保債権の全部または一部を放棄する等の合意をした上で配当に参加することもできる。なお、不動産の場合その旨の登記を要する（有力説）。

(2) 民事再生について

再生計画認可の時点で根抵当権について不足額が確定していない場合には、あらかじめ再生計画に不足額確定後最初に到来する弁済期後は他の再生債権と同一の弁済率で支払う等の定めをする必要がある。

また、根抵当権の元本が確定している場合には、たとえ不足額が確定していなくとも被担保債権のうち極度額を超える部分については、一般的基準に従い仮払いに関する定めをすることができ、その場合には不足額が確定した時点での精算に関する定めをする必要がある。

いずれにせよ、前記の通り事業の継続に不可欠な不動産については勿論のこと、それ以外の不動産についても再生債務者と根抵当権者の間で弁済に関し協議し合意することが通常であろう。

(3) 会社更生法について

根抵当権者は、会社更生手続において更生債権および更生担保権について届出することが必要であり、届出がなければ失権し、更生会社は免責されることになる。また、前記の通り根抵当権の極度額は、更生担保権の範囲を決定する機能を有しており、さらに更生手続開始決定後、更生管財人は余裕枠を利用することも可能と解されている。

(注1) 小川秀樹編著『一問一答　新しい破産法』287頁。中間配当において、別

除権者は、当該別除権の目的である財産の処分について証明し、処分によって弁済を受けられない額を疎明しなければならないことから（破産法210条）、根抵当権について、破産管財人は、根抵当権の目的である財産の処分に着手したことの証明があった場合には、根抵当権の極度額を超える部分について、当然に不足額の疎明があったものとして取り扱う必要があり、配当表に記載され、配当額の寄託の対象となる。他方、財産の処分に着手したことの証明のない場合には、最後配当において根抵当権者が中間配当において受けることができなかった額について、他の破産債権者に先立って配当をしなければならないことになる（破産法213条）。

(注2) 旧会社更生法は劣後的更生債権としていたが、現行会社更生法は劣後的更生債権制度を廃止した。

(注3) 田原睦夫「倒産手続と根担保」徳田和幸ほか『現代民事司法の諸相・谷口安平先生古稀祝賀』476頁。本来、共益債権は更生計画によらず随時弁済され、また更生債権に先立って弁済するものであるから共益債権者にとって担保権の設定は必要ないはずであり、他方、共益債権について担保権を設定する場合には、裁判所の許可を得て担保設定契約をすべきであるにもかかわらず、根抵当権の極度額に余裕枠がある場合に、根抵当権者が他の共益債権者と異なり、何らの手続を踏むことなく優遇される合理的理由はないとする。

(注4) 岡正晶「更生手続開始と根抵当権」判タ1132号115頁は、後順位担保権者が多数の議決権を有しているときに、更生計画案の否決の要因となり得るので、更生管財人は余裕枠の利用にあたっては考慮が必要であるとする。

(注5) 岡・前掲注4・116頁。なお、東京地判昭57.7.6（判時1058号115頁）は、先順位根抵当権者が他に共同根抵当権を有している事案に関し、先順位根抵当権者の極度額全額を控除する説を認容している。

(注6) 田原・前掲注3・478頁は、根抵当権者に更生計画認可後も、更生担保権の弁済に従って共益債権のための担保枠拡大の利益を与える必要はなく、他方、更生担保権を弁済して目的物の担保価値に余裕が生じた更生会社に対しては、その余裕枠を利用して第三者の与信を与える機会を与えるべきであり、その場合に更生管財人に、極度額の変更を請求することもできると解するべきであるとする。

　　　　　　　　　　　　　　　　　　　　　　　　　　（すどう　つとむ）

⑤ 根抵当権
(2) 根抵当権の元本の確定をめぐる諸問題

弁護士　中井康之

1　はじめに

　債務者または根抵当権設定者に破産手続が開始したとき、根抵当権の元本は確定するが、その後に破産手続が取り消されたり失効したりすると元本確定の効力は覆滅する。そのときの被担保債権の範囲や代位弁済者の権利はどうなるのか。

　再生手続や更生手続が開始しても当然には元本は確定しない。しかし、実務的な対応としては確定させることが多い。極度額の余裕枠の利用を前提に元本を確定させない場合、倒産債権と共益債権が同じ根抵当権によって担保されることになるが、その被担保債権の範囲、弁済を受ける方法、実行の可否と方法、代位弁済者の地位等がどのようになるのか。担保権が手続に服する更生の場合と手続に服さない再生の場合では異なる。また、先順位の根抵当権の極度額に余裕枠がある場合、余裕枠の取扱い次第で後順位担保権者の地位に大きな影響を及ぼすことになる。

　本稿では、倒産手続における根抵当権の元本の確定をめぐる諸問題について簡潔な整理を試みることとする。なお、田原睦夫「倒産手続と根担保」（谷口安平先生古稀祝賀『現代民事司法の諸相』所収）に詳しいので参照されたい。

2　破産手続

(1) 破産手続開始と根抵当権の元本の確定

　債務者または根抵当権設定者に破産手続が開始したとき、根抵当権の担保すべき元本は確定する（民法398条の20第1項4号）。債務者兼根抵当権設定者

に破産手続が開始した場合（以下「本則型」という）、物上保証人がいる場合で、物上保証人に破産手続が開始した場合（以下「物上保証型」という）と債務者に破産手続が開始した場合（以下「債務者型」という）のいずれの場合も同様である。

（2）根抵当権の被担保債権の範囲

　根抵当権は破産手続の開始によって元本は確定するから、手続開始後に裁判所の許可（破産法36条）を得て事業を継続することにより被担保債権となるべき種類の債権が発生しても、それが当該根抵当権によって担保されることはない。

　しかし、破産手続開始の効力が消滅したときは、原則として元本確定の効力は失われるから（民法398条の20第2項）、手続開始後に被担保債権となるべき種類の債権が発生している場合の取扱いが問題となる。破産手続開始の効力が消滅するのは、①破産手続開始決定が即時抗告により取り消された場合（破産法33条）、②破産手続開始後に再生手続または更生手続が開始し、かつ再生計画または更生計画が認可されて破産手続の効力が失われた場合（民事再生法184条、会社更生法208条）が想定される。①の場合、破産手続開始後に裁判所の許可を得て事業を継続し、開始決定の取消決定が確定するまでに被担保債権が発生したとき、それは根抵当権によって担保される。②の場合、破産手続開始後に生じた被担保債権（再生手続開始後または更生手続開始後に生じた債権は後述する）は共益債権として（民事再生法39条3項1号、会社更生法50条9項1号）、当該根抵当権によって担保されることになる。実際問題として、破産手続から再建型倒産手続に移行した場合、計画の認可決定の確定までにこれら被担保債権は共益債権として随時弁済できるから、破産手続開始の効力が消滅した時点でこれら被担保債権が残存している事態は通常考えがたい。再建型倒産手続に移行したが計画認可に至らずに再度破産手続が続行された場合は、破産手続開始後の共益債権は財団債権となる（民事再生法252条6項、会社更生法254条6項）が、根抵当権の元本は確定したままであるから、その被担保債権となることはない。

　ただし、破産手続開始後に、元本が確定したものとして根抵当権またはこ

れを目的とする権利を取得した者があるときは、元本確定の効力は失われない（民法398条の20第2項ただし書）。

　また、破産手続開始後に別途競売の申立て等により根抵当権の元本が確定しているときは、破産手続が失効することにより破産手続開始を理由とする元本確定の効力が失われても、その後の元本確定の効力に影響しない（このときは、破産手続開始後、その後の元本確定理由が生じるまでに発生した被担保債権が根抵当権によって担保されることになろう）。

（3）保証人等の代位弁済

　破産手続開始後に、根抵当権の被担保債権の保証人等がその全額を代位弁済したときは、当該弁済者は根抵当権を代位取得し、自ら債権届出をするか、根抵当権者の債権届出名義を変更して破産手続に参加できる（破産法104条3項・4項、113条）。その後に破産手続開始の効力が消滅しても、それまでの間に、元本が確定したものとして被担保債権を取得し、または代位弁済をした者があるときは、前述の通り元本確定の効力は失われないので、当該債権者は根抵当権を代位取得できる。このとき、開始後に生じた債権が当該根抵当権によって担保されることはない。

3　再生手続

（1）再生手続開始と元本確定

ア　根抵当権の債務者または根抵当権設定者について再生手続が開始しても元本は確定しない（民事再生法148条6項参照）。本則型、物上保証型、債務者型のいずれも同様である。

イ　物上保証型の場合、再生債務者としては、一般債権者の利益を考慮し、被担保債権の増大を回避すべきであるから、根抵当権設定者として元本確定請求をするなどして元本を確定すべきであろう。また、根抵当権設定から3年を経過していなくても事情変更を理由に物上保証契約を解約し元本を確定させることができると解される（田原・前掲485頁、更生手続について同旨、稲葉威雄「会社更生手続開始と根抵当権の確定」ＮＢＬ116号12頁、反対、大西武士「更生手続開始と根担保取引」判タ866号126頁）。

ウ　債務者型の場合、物上保証人は、再生債務者の事業継続のために信用供与を続けるか否かによって元本確定手続をとるか判断することになろうが、求償権の回収につきリスクがあるので一般的には確定手続をとることになろう。このとき、物上保証人は、債務者の資産状態の著しい悪化を理由に物上保証契約を解約し元本を確定させることができると解される（田原・前掲484頁、更生手続について同旨、稲葉・前掲11頁、大西・前掲125頁、最二小判昭39.12.18民集18巻10号2179頁・金法405号28頁参照）。

エ　前述2（2）の通り、破産手続が開始されて根抵当権の元本が確定した後に、再生手続が開始し、再生計画の認可決定が確定したとき、破産手続は失効し（民事再生法184条）、根抵当権の元本確定の効力は失われる（民法398条の20第2項）。ただし、実際にはその後に別途元本が確定している場合が多いであろう。

（2）根抵当権の実行

　根抵当権は、別除権として、再生手続によらないで行使することができる（民事再生法53条1項）。債務者型の場合、根抵当権は再生債務者の再生手続と無関係に行使できる。いずれの場合も、根抵当権が実行されたときは、元本が確定する（民法398条の20第1項1号・3号）。

　本則型、物上保証型の場合は、担保権消滅請求の対象となり、担保権消滅請求の許可決定が根抵当権者に送達された時から2週間が経過したときに元本は確定する（民事再生法148条6項）。ただし、許可の申立てが取り下げられ、または許可が取り消されたとき、元本確定の効力は失われる（同条7項、民法398条の20第2項）。

（3）別除権協定による弁済

　根抵当権を実行して不足額が確定した場合に、不足額を再生債権として行使することができる（民事再生法88条）。根抵当権者が再生債務者と別除権協定を締結する場合、通常は、根抵当権によって担保される元本を確定させた上、極度額の範囲（担保目的物の価額の範囲内であることも要する）で担保されている債権の部分を再生手続によらないで弁済すべき金額として合意し、それを超える部分を不足額として確定している（同条ただし書）。このとき別

除権の目的である財産の受戻しとして裁判所の許可または監督委員の同意を得ている（同法41条1項9号、54条2項）。後述（4）アの通り、元本を確定させることなく再生債権部分について別除権協定を締結することもできると解される。

極度額の範囲を超える部分は本来担保権の行使によって弁済を受けることができず、再生債権として再生手続によって弁済を受けるべきであるから、かかる再生債権部分の弁済を別除権協定で合意することは、他の一般債権者を害するから原則として許されない。

（4） 被担保債権の範囲
ア　根抵当権の被担保債権額が極度額に満たない場合（開始時に余裕枠がある場合）に元本を確定させると、その後に被担保債権となるべき種類の債権が発生しても余裕枠があるのに担保されないことになり、後順位担保権者を利するだけとなる。そこで元本を確定させずに、その余裕枠を用いて、開始後に発生する（共益債権となる）取引債権等を被担保債権とすることにより円滑に取引の継続を図ろうとする場合があり得る（仕入れの継続や金融機関からのDIPファイナンスなどが想定できる）。このとき、元本は確定していないから、当該根抵当権は、当事者間の特段の合意等を待たずして、再生債権だけでなくその後に発生する共益債権たる被担保債権も当然に担保することになる（以下「当然担保説」という）。このうち再生債権部分は、根抵当権の実行の場合を別とすれば、裁判所の許可または監督委員の同意を得た別除権協定に従って弁済することになり、共益債権部分は随時弁済できる（民事再生法121条1項）。

当然担保説に対しては、再生債務者の第三者性、他の共益債権者との衡平、共益債権に担保を設定するには裁判所の許可または監督委員の同意が必要であることに照らして、開始前に設定された根抵当権の極度額の余裕枠を利用して共益債権を担保しようとする場合には、裁判所の許可または監督委員の同意を得て、当該共益債権を根抵当権の被担保債権とする旨の合意をなすことが必要であるとする有力説がある（田原・前掲491頁）。

イ　再生債権部分を別除権協定に従って弁済することによって余裕枠が拡大

したとき、その拡大した余裕枠は共益債権を担保するか。後述4（5）イｂの通り、更生手続については見解が分かれる。しかし、再生手続の場合は、根抵当権はそもそも別除権として再生手続の制約を受けないし、その被担保債権となるべき種類の債権はそれが再生債権でも共益債権でもいずれも根抵当権によって同様に担保されているから、再生債権部分の弁済が進むことにより生じた余裕枠で共益債権も担保すると解される。裁判所の許可または監督委員の同意を必要と解する立場では、開始時に存在した余裕枠だけでなく再生債権部分の弁済によって生じる余裕枠も新たに発生する共益債権の担保とする旨の許可または同意を得ることになろう。

ウ　根抵当権の被担保債権額が極度額を超えている場合（開始時の余裕枠がゼロの場合）も、将来に発生する共益債権を根抵当権の被担保債権とすることにより取引の継続を図ろうとする場合があり、これを否定する必要はないから、この場合も上記アおよびイと同様に解することができる（当然担保説の立場）。すなわち、極度額の範囲内で別除権協定に従って弁済を受け、それを超える部分は根抵当権によって担保されない再生債権として確定し再生計画に従った弁済を受けることになるが、開始後に発生する共益債権たる被担保債権は、別除権協定による再生債権部分の弁済が進むにことによって生じる余裕枠も含めて根抵当権によって担保されると解される。

エ　物上保証型の場合、元本が確定しないときは、開始決定後に主債務者に対して発生する債権も当然に被担保債権となる。

　債務者型の場合も元本が確定しないときは、再生債権と共益債権がともに被担保債権となる。物上保証人は、再生債権部分はその全部を弁済しないと求償権を行使できない（最三小判平14．9．24民集56巻7号1524頁・金法1664号74頁参照）が、共益債権部分を代位弁済したときは、物上保証契約が再生手続開始前に締結されているとしても、主債務は開始後に発生した共益債権であるから、求償権も共益債権として随時弁済を受けることができる。

（5）再生計画に基づく弁済

ア　別除権付再生債権については、不足額が確定して初めて再生計画に基づく弁済を受けることができる（民事再生法182条）。根抵当権の元本が確定し

ている場合には、担保されない部分（不足額）が確定していない場合であっても、根抵当権者の書面による同意を得て、被担保債権のうち極度額を超える部分について、権利変更の一般的基準に従い、仮払いに関する定めをすることができる。この場合、不足額が確定した場合における精算に関する措置を定めなければならない（同法160条2項、165条2項、182条ただし書、再生規則87条2項）。

イ　元本が確定していない場合であっても、別除権協定を締結することにより被担保債権たる再生債権のうち根抵当権によって担保されない範囲の再生債権の額を確定させたときは、確定不足額について再生計画に基づく弁済を受けることができる（民事再生法88条ただし書）。

（6）保証人等の代位弁済

再生手続開始後に、根抵当権の被担保債権の保証人等がその全額を代位弁済したとき、当該代位弁済者は自ら債権届出をするか、根抵当権者の債権届出名義を変更して再生手続に参加できる（民事再生法86条2項、破産法104条3項・4項）。ただし、弁済が元本確定前の場合には、代位弁済者は根抵当権を取得できず（民法398条の7）、元本確定後の場合には、根抵当権を取得し、別除権者として権利を行使できる。再生手続開始によって元本は確定しないので、保証人等は代位弁済するに先立って根抵当権者または根抵当権設定者に対して元本の確定を求めるべきである。また、保証人は、信義則上、元本を確定させることができると解される（更生につき同旨、稲葉・前掲10頁）。

4　更生手続

（1）更生手続開始と元本確定

ア　更生手続の開始によって根抵当権の元本が確定するかどうかについて、従来、積極説と消極説の争いがあったが、会社更生法104条7項の規定から、更生手続開始によって元本は確定しないことが立法的に明らかにされた。

管財人と根抵当権者は、民法398条の19に基づく元本確定請求ができるほか、合意によって元本を確定することができる。根抵当権者としては新たな与信をしない場合は元本の確定に反対することはなかろう。根抵当権設定の

時から 3 年を経過していない場合でも、管財人は、更生手続開始による事情変更を理由に確定請求ができると解される（大西・前掲125頁、岡正晶「更生手続開始と根抵当権」判タ1132号115頁）。

イ　物上保証型、債務者型の場合、根抵当権設定者の対処方法は再生手続の場合と同様である。すなわち、物上保証型の場合、管財人は、物上保証債務が極度額を下回っているときは、その増大を回避すべきであるから、根抵当権の設定者として元本確定請求をするなどして元本の確定を求めるべきであり、また、事情変更を理由に物上保証契約を解約し元本を確定できると解される（田原・前掲485頁、稲葉・前掲12頁、反対、大西・前掲126頁）。債務者型の場合、物上保証人は、更生会社の事業継続のために信用供与を続けるか否かによって、元本確定手続をとるか判断することになるが、この場合も、事情変更を理由に物上保証契約を解約し元本を確定できると解される（田原・前掲484頁、稲葉・前掲11頁、大西・前掲126頁）。

ウ　破産手続が開始されて根抵当権の元本が確定した後に、更生手続が開始し、更生計画が認可されたとき、破産手続は失効し（会社更生法208条）、根抵当権の元本確定の効力は失われる（民法398条の20第 2 項）。破産手続開始後に生じた財団債権である被担保債権は、会社更生法上の共益債権となるが（会社更生法50条 9 項 1 号）、別途、元本確定手続が取られないまま破産手続が失効したとき、この共益債権は根抵当権によって担保されることになる。

エ　更生計画において、更生計画の認可決定により元本が確定する旨を定めることができる。

（2）根抵当権の実行

ア　更生手続の場合、根抵当権も更生手続に服し、その実行は禁止されるから（会社更生法50条 1 項）、原則として、実行による確定はない。ただし、更生のために必要があるとして担保権の実行の禁止が解除され（同法50条 7 項）、現に根抵当権が実行された場合には元本は確定する（民法398条の20第 1 項 1 号・ 3 号）。

イ　更生手続開始前に根抵当権が実行されている場合、その申立てによって対象財産に設定されていたすべての根抵当権の元本は確定するが、開始決定

により中止し、更生計画認可決定により当該競売手続が失効すると、申し立てた根抵当権者の元本を除いてその他の根抵当権者の元本確定の効力は失われる（民法398条の20第1項1号・3号、2項）。ただし、実行手続が続行された場合（会社更生法50条5項1号）は、元本確定の効力は失われない。
ウ　本則型、物上保証型の場合は、担保権消滅請求の対象となり、担保権消滅請求の許可決定が根抵当権者に送達された時から2週間が経過したときに元本は確定する（会社更生法104条7項）。ただし、許可の申立てが取り下げられ、または許可が取り消されたとき、元本確定の効力は失われる（同条8項、民法398条の20第2項）。

(3) **更生担保権の額**
ア　更生担保権は、根抵当権の被担保債権で更生手続開始前の原因に基づくもののうち、極度額の範囲で、担保目的財産の時価によって担保された債権である（会社更生法2条10項）。更生債権はこれを超える部分の債権である（同法2条8項本文）。
イ　根抵当権の被担保債権額は、多くの場合、極度額を超えているので、目的財産の時価が極度額を超えている場合、先順位の更生担保権の額は極度額と一致し、後順位の更生担保権の額は先順位の極度額を控除した金額の範囲内となる。しかし、先順位の根抵当権の被担保債権の額が極度額に満たないとき、後順位担保権の額は、先順位の極度額を控除するのか、先順位の被担保債権額を控除するのかについて争いがある。

　そもそも元本は確定していないし、後順位担保権者は極度額を認識しており極度額を控除しても不利益を被ることはないから、理論的には極度額全部を控除して後順位の更生担保権の額を定めることになる（岡・前掲115頁、田原・前掲475頁、東京地判昭57.7.13下民集33巻5～8号930頁・金法1017号35頁）。しかし、後順位担保権者の理解が得られにくいことや、先順位担保権者は極度額に余裕があっても、その余裕枠を用いて手続開始後に新たな信用供与をすることは少ないので、実務的には、先順位の被担保債権額を控除して後順位の更生担保権の額を評価することも行われている（岡・前掲115頁）。

　また、余裕枠があるとき開始後の共益債権も根抵当権によって担保される

ことを認めながら、他方で、更生手続が手続開始時の会社財産の観念的清算であることを重視して、更生手続への参加資格との関係では開始時点で確定するとして、後順位担保権者の更生担保権の額は、先順位の被担保債権額を控除した額であるとする見解がある（稲葉・前掲8頁）。しかし、かかる折衷的な見解に対しては、牽連破産となって根抵当権が実行されたとき、開始後の共益債権が根抵当権によって担保されるので後順位担保権者は更生担保権であっても保護されないから、更生担保権として評価したことに背理するとの批判が妥当する（田原・前掲474頁）。

（4）被担保債権の範囲

ア　更生手続が開始しても根抵当権の元本は確定しないので、理論的には、当事者間の特段の合意を待たずして、更生手続開始後に生じた被担保債権の種類に属する共益債権は当該根抵当権によって担保されることになる（以下「当然担保説」という。兼子一監修・三ヶ月ほか『条解会社更生法（中）』525頁、稲葉・前掲9頁、岡・前掲115頁）。したがって、この場合の根抵当権の被担保債権は更生担保権と共益債権ということになる。開始時に余裕枠のある場合、これを用いて従来の取引先に信用を供与できるので、更生会社の事業継続に資することになる。なお、当然担保説に従えば、余裕枠がない場合も同様に開始後の共益債権は当該根抵当権によって担保されることになる。

　当然担保説に対しては、通常共益債権に担保を設定する場合は裁判所の許可を得ていること、根抵当権の極度額に余裕枠があるときだけ当該根抵当権者との取引による共益債権が当然に担保権を取得することを許容できる合理的理由は見出しがたいこと、他の共益債権者との衡平を害し、同一の種類の債権はその間で公正かつ衡平に取り扱うべしとする会社更生法の理念に反すること等から、余裕枠を用いて共益債権を根抵当権の被担保債権とするには、裁判所の許可を得てその旨の合意をすべきであるとする有力な見解がある（田原・前掲478頁）。

イ　前述（3）イの通り、後順位担保権者の更生担保権の額は、理論的には先順位の極度額を控除することになるので、余裕枠があっても、後順位の更生担保権の額に影響しない。開始後に先順位の根抵当権者との取引が継続し

共益債権たる被担保債権額が増大した後に、更生手続が廃止され破産手続に移行したときは、破産手続開始によって元本が確定し、そのとき更生手続開始時に比べて先順位の被担保債権が増額することもあり得るが、もともと後順位担保権者は先順位担保権の極度額までは甘受すべきであるから特段の不利益はない。

ウ　更生手続開始後は、原則として更生担保権に基づく根抵当権の実行はできないが、共益債権に基づく実行は可能である。このとき、更生担保権と共益債権は同順位と解されるので、配当金はその額に応じて按分され、更生担保権に按分される額は、更生計画の認可決定までは配当を留保し、認可決定があったときに管財人に交付され、共益債権に按分される額のみが直ちに配当されることになろう（稲葉・前掲10頁、田原・前掲480頁、会社更生法51条1項・2項参照）。担保権の実行禁止が解除されて開始後に更生担保権に基づく実行がなされた場合（会社更生法50条7項）において、その被担保債権に共益債権が含まれる場合も同様である。

(5) 更生計画による権利変更と更生計画に基づく弁済との関係

ア　更生計画の認可決定までに元本が確定している場合、更生担保権に係る根抵当権部分は更生計画の定めにより変更できる。しかし、共益債権に係る根抵当権部分は元本確定によって普通抵当権として存続し、更生計画による変更はできない。

イ　元本が確定していない場合、根抵当権の処理について、以下の問題がある。

　　a　認可決定までに極度額の余裕枠を利用して共益債権がその被担保債権となっている場合（開始時に余裕枠がある場合）、更生担保権部分は更生計画の権利の変更の対象となるが、共益債権部分は更生手続開始後に管財人が新たに設定した担保権と同様であるから、更生計画で権利の変更はできない（前掲条解（中）527頁、稲葉・前掲11頁、田原・前掲479頁、岡・前掲116頁。ただし、稲葉、岡は、担保すべき共益債権が新たに発生していない場合は更生計画で消滅させることができるとする）。したがって、更生計画に特段の定めを置かない場合、更生担保権部分に係る根抵当権の一部は消滅するが、極度額の

残部の範囲で共益債権を担保する根抵当権が存続し、このとき極度額を減額する旨の登記をすることになる（前掲条解（中）528頁、稲葉・前掲11頁）。

　b　前aの場合において、更生計画で被担保債権を更生担保権として従前の根抵当権を存続させる旨の定めを置いたとき、更生計画に基づく弁済が進めば極度額の余裕枠が生じるが、そのとき共益債権を担保する限度額が増加するのか。積極説（稲葉・前掲11頁、岡・前掲116頁）と消極説（田原・前掲478頁）に分かれる。積極説の場合、将来破産に移行した場合、根抵当権者は極度額まで共益債権も担保され、後順位担保権者に優先することになる。消極説は、特定の更生担保権者に余裕枠拡大の利益を与える必要はなく、余裕枠が生じたときは第三者の与信を得る機会に利用すべきであるとする。

　c　開始時の被担保債権が極度額を超えるために更生担保権の額が極度額と同額の場合（開始時の余裕枠がゼロの場合）に、元本を確定させないまま根抵当権を存続させたときはどうか。更生計画に定めを置かない場合は、根抵当権の全部が当然に消滅する。更生担保権を被担保債権とする範囲で存続させた場合は、認可決定後の更生担保権の弁済によって生じた余裕枠を用いて共益債権を担保できるかについてbと同様の問題がある。積極説の場合は、更生担保権の弁済が進むと共益債権が実質的に担保されることになり、取引の継続を図りやすい。消極説の場合は、共益債権が担保される余地はないので、元本を確定させずに根抵当権を存続させる実益はないことになる（田原・前掲480頁）。

　d　反対に、根抵当権の順位が担保目的財産の時価の範囲内であるのに、開始時の被担保債権が存在せず更生担保権額がゼロの場合（極度額の全部が余裕枠の場合）はどうか。更生計画では更生担保権について権利の変更ができるが、更生担保権に関係しない元本未確定の根抵当権は、当該根抵当権者の同意その他実体法の定めによらなければ権利の変更や消滅ができないと解されている。この場合、更生計画に何らの定めを置かなくても根抵当権は消滅しないとする見解（三ヶ月・前掲（下）728頁）と、更生計画に定めがない限り消滅するとの見解（会社更生法204条1項本文、宮脇幸彦ほか編『注解会社更生法』（青林書院）889頁［白川和雄］。田原・前掲479頁は根抵当権者の同意が

ない点において違法性が問題となるが、認可取消事由とまではならないとする）に分かれる。

　当然担保説に従うと、開始後の取引により被担保債権となるべき種類の債権が発生した場合、当然に根抵当権の根担保債権となるから、債権者の同意なくして更生計画で当該根抵当権を消滅させることはできないことになる。共益債権を被担保債権とするには裁判所の許可を要するとする立場では、このような事態は起こらない。

　実務的には、かかる根抵当権者との取引はもともと終了しているのであるから、根抵当権者と合意して、元本を確定させた上当該根抵当権を消滅させるか、元本を確定させることなく当該根抵当権を新たな取引債権者に譲渡して担保として利用することになろう。

　ｅ　以上の通り更生計画認可決定後の根抵当権の帰趨については理論的に必ずしも明確ではないから、可能な限り更生計画において根抵当権の処理、具体的には元本の確定の有無、確定させない場合の被担保債権の範囲、極度額の利用範囲等について明確な定めを置くことが好ましい。

(6) 保証人等の代位弁済

ア　更生手続開始後、元本が確定している場合に保証人等が被担保債権の全額を代位弁済したときは、弁済者は、根抵当権者が更生担保権として債権届出をしている場合はその届出名義の変更をし、届出をしていないときは自ら債権届出をして、更生担保権の範囲で根抵当権者に代位する（会社更生法135条、141条、破産法104条）。その後に破産手続に移行しても弁済者の権利に影響しない。

イ　元本が確定しないまま、根抵当権者が更生担保権として債権届出をしている場合に、保証人等が代位弁済したとき、更生手続内では、民法398条の7第1項は適用されずに、弁済者は根抵当権者に代位できると解されるが、更生計画認可前に廃止になったときは、民法の定めに従い根抵当権を代位行使できない（稲葉・前掲10頁、田原・前掲476頁）。したがって、保証人等としては、弁済に先立って元本を確定させるべきであり、信義則上保証人から元本の確定請求ができると解される（稲葉・前掲10頁）。そうでないとしても、

保証人等からの請求があれば根抵当権者は民法398条の19第2項に基づく確定請求をすべきことになろう（岡・前掲116頁）。
　元本を確定しないまま従前の根抵当権を存続させた更生計画が認可され、その後に保証人等が代位弁済したとき、弁済者は根抵当権者に代位できるか。(5)イbの消極説では、更生計画が認可されると計画に基づく権利が確定し固定化するから、更生担保権の代位弁済者は更生計画で定められた担保権を行使できることになろう（田原・前掲482頁）。積極説では、被担保債権の範囲は固定化しないから、元本を確定しないまま更生担保権部分を弁済しても民法の定めに従い代位できないことになろう。

（なかい　やすゆき）

6 質権─債権質、根質を中心に─

弁護士　黒木和彰

1　はじめに

　質権は、債権等の権利をその質権の目的として設定することが可能である（民法363条）。実務上、債権質は、建物を抵当目的物とする抵当権の設定に伴い、物上代位の対象となる火災保険契約に対して質権を設定するという例がきわめて多い。加えて、企業間の継続取引や銀行取引において、株式や公社債、定期預金等を対象として債権質権が設定されており、その多くが根質権設定契約となっているとされる（田原睦夫「根債権質を巡って」ジュリ1083号94頁以下）。

　しかし、債権質権については、実務上かなり多く利用されているわりには、抵当権に関する様々な検討に比べると論じられている割合が少ないといわざるを得ない。加えて、根債権質については、裁判例も少なく、その実体法上の効力をめぐって確定した判断基準が定立されているとも言い難いと思われる。したがって、とりわけ根債権質の設定者が倒産手続に移行した場合の処理については、様々な問題が生じるものと思われる。

　また、平成16年11月に成立した「債権譲渡の対抗要件に関する民法の特例等に関する法律の一部を改正する法律」による改正後の「動産及び債権の譲渡の対抗要件に関する民法の特例等に関する法律」（以下「動産・債権譲渡特例法」という。平成10年に成立した「債権譲渡の対抗要件に関する民法の特例等に関する法律」（以下「改正前債権譲渡特例法」という）は、上記一部改正法により法律の題名も改められている）において、対抗要件の特例・債権譲渡登記手続等が法人の債権質に準用されている（同法14条）ことから、債務者が特定していない将来債権について債権質が成立し、対抗要件が具備できることと

なった。しかし、同法の施行から日も浅く、具体的な問題は今後の実務の集積を待つという状況にある。

本稿は、以上のような状況において、問題点の素描を行おうとするものであり、十分な検討がなされているものでもないが、今後の問題の整理の一助ともなれば幸いである。

2　債権質の効力発生要件に関する民法の改正

改正前民法363条は、債権質について債権の証書があるときは、その交付を質権の効力発生要件としていた。そのため、指名債権、とりわけ敷金あるいは入居保証金返還請求権を目的とする債権質の効力発生について、賃貸借契約書が「証書」となるかについて、下級審での判断が分かれる等の問題が生じていた。

そこで、平成15年の民法の改正により、債権質の効力発生要件については、債権であって譲渡に証書の交付が必要なもの（記名債権たる記名社債、記名国債、指図禁止手形、指図禁止小切手等）については、証書の交付が効力発生要件であるとし、それ以外の指名債権については、証書の交付を効力発生要件とはしないものとされた。

この結果、敷金等を債権質とする場合に賃貸借契約書の交付は不要であるし、継続的売買契約に基づく売掛金等を債権質とする場合には、売買基本契約書等を交付することも不要である。

3　債権質の対抗要件

（1）動産・債権譲渡特例法による対抗要件

民法による指名債権の対抗要件は、民法467条による通知または承諾である（民法364条1項）。この対抗要件について、動産・債権譲渡特例法は、法人が債権を目的として質権を設定した場合には、動産・債権譲渡特例法による債権譲渡の対抗要件としての債権譲渡登記の規定を準用することとしている（動産・債権譲渡特例法14条。なお改正前債権譲渡特例法10条）。

この動産・債権譲渡特例法により、債権質権の設定については登記をもっ

て第三者対抗要件を具備することが可能となった。さらに、平成16年の改正により、債務者が特定していない将来債権についても債権譲渡の対抗要件を具備することが可能となった。

この改正により、質権についても、債務者が特定していない将来債権についても質権を設定し対抗要件を取得することが可能となった（動産・債権譲渡特例法14条、8条2項4号）。加えて、質権設定対象債権に将来債権が含まれている場合には、設定対象債権の総額を登記事項から除くこととなった（同法14条、8条2項3号）。債務者が特定されていない将来債権について質権を設定する場合には、対抗要件としての登記の存続期間は10年を超えないこととされた（同法14条、8条3項2号）。

なお、動産・債権譲渡特例法では、質権設定登記がなされている債権については破産手続開始の嘱託登記（破産法258条1項2号）はなされないこととされている。これは、動産・債権譲渡特例法の登記は、対抗要件具備の効果を付与することを目的とする登記であって、処分の制限の登記の性格を有する破産手続開始の登記は制度上予定されていないからであるとされる（植垣勝裕編著『一問一答動産・債権譲渡特例法』123頁）。

(2) 動産・債権譲渡特例法の改正と倒産手続

動産・債権譲渡特例法が改正された背景には、不動産担保や個人保証に過度に依存した従来の企業の資金調達手法を多様化させ、企業資産のうち動産や債権を活用して資金を調達する方法として、流動集合物譲渡担保や将来債権を担保にすることが検討されたことによる（植垣・前掲5頁。なお、「特集＝動産担保・債権担保の実務ニーズと立法課題」金法1666号13頁以下）。しかし、この改正過程では、かかる担保を認めると、とりわけ再建型倒産手続との関係では、再建の原資が枯渇するという懸念が指摘されていたところである（植垣勝裕ほか「「動産・債権譲渡に係る公示制度の整備に関する要綱中間試案」に対する各界意見の紹介」金法1710号18頁）。しかも、動産・債権譲渡特例法は、あくまでも民法上の対抗要件の特則として制定されており、実体法上の効力についての規定を欠いていることから、今後、動産・債権譲渡特例法による登記手続が活用されると、実務上様々な問題が生じるものと思われる。

4　債権質の効力と倒産手続

（1）債権質の対象債権による倒産手続の申立ての可否

　破産法18条1項は、債権者の破産申立権を認めている。そこで、債権質権設定者が、質権を設定した債権をもって第三債務者に対し破産申立てが可能となるかが問題となる。

　この点、最高裁判所は、民法367条により質権者が取立権を有するところ、質権設定者に破産申立権を認めると、破産手続による債権取立を強制することになること、相手方が法人の場合には解散事由となること等を理由に、「質権設定者は、質権者の同意があるなどの特段の事情のない限り、当該債権に基づき当該債権の債務者に対して破産の申立てをすることはできない」と判断した（最二小決平11.4.16民集53巻4号740頁・金法1563号55頁）。

（2）倒産手続における債権質の効力

　質権は、破産法（2条9項）、民事再生法（53条1項）においては、別除権として取り扱われる。したがって、破産手続、民事再生手続において、債権質権者は、対象債権について直接取立を行うことが可能である（破産法65条、民事再生法53条2項、民法366条）。

　これに対し、会社更生法では、質権は更生担保権となる（会社更生法2条10項）。したがって、質権対象債権を時価で評価した価格の範囲内で、質権者は、更生担保権者として会社更生手続に参加することになる（同法135条以下）。そのため質権者が、更生手続によらずに、質権を実行することはできず、また質権の実行が否認権の要件を満たす場合には、更生会社の行為の有無にかかわらず否認の対象になり得る（大阪地判平9.12.18金法1518号40頁）。

（3）火災保険に対する質権設定

　抵当権が設定されている建物について付された火災保険について、抵当権による物上代位を認めるのが判例・通説である。しかし、物上代位の対象となる火災保険につき、抵当権者が差押えする前に質権を設定した場合、福岡地裁小倉支判昭55.9.11（金法961号34頁）は、質権の設定が民法304条の「払渡し又は引渡し」に該当するとして、質権設定前に抵当権者の差押えを要求

している。そのため、実務上は、抵当権者は、火災保険について同時に質権を設定することとなる。

このように、火災保険に対して質権が設定され、倒産手続が開始した場合、前述の通り、破産手続や民事再生手続では、別除権として取り扱われ、会社更生手続では、更生担保権として取り扱われる。

会社更生手続における保険契約に対し設定された債権質権については、更生手続開始決定時に保険事故が発生していないことが通例であることから、その時点での時価をどのように評価すべきか、また、保険契約が通常一年単位で満期を迎えるために、満期後の取扱いをどのように行うかという問題がある（事業再生研究機構編『更生計画の実務と理論』143頁）。

多くの事例においては、抵当権設定者が同時に取得した質権を担保権として届出していることから、不動産評価の範囲で評価し、保険債権についてはゼロとして評価しているとされる。また、管財人に保険期間満了後に更新義務を課すか否かについても更生計画において種々であるとされる。

（4）破産管財人の質権設定者の義務の承継

敷金返還請求権について債権者のために質権を設定していた不動産賃借人について破産手続が開始された後、破産管財人が破産財団をもってする弁済が可能である賃料等を支払わず、賃貸人との間で未払賃料等および原状回復費用に敷金を充当する旨を合意した結果、右質権が消滅した場合、破産管財人について質入債権についての質権設定者としての義務違反の有無が争われた事例がある。

この点につき、東京高判平16. 10. 27(判時1882号33頁)は、「破産管財人は、破産者の総財産の管理機構として独立の地位にあり、破産債権者全体の共同の利益のために活動すべきものであるから、破産管財人が考慮しなければならないのは、敷金返還請求権に設定された質権をひたすら保存するなどという狭いものではなく、円滑な清算業務の進捗を図りつつ、破産財団に属する財産の一つである敷金返還請求権を活用して総債権者の債権実現の引当となる責任財産を確保することにある」として、破産管財人の責任を否定した。

これに対し、東京高判平16. 10. 19(判時1882号33頁)は、「破産会社が破産宣

告を受けたことにより、破産管財人は、破産手続の目的である破産債権者の共同的満足に対する引当てとして破産会社の総財産をもって形成される破産財団の代表機関となり、破産財団の管理処分権限を専有し、破産財団の管理、換価、配当等を実施する者であるから、破産会社とは一応別個の立場に立つものであるが、他面、破産会社が訴外会社との間に締結した本件敷金の質権設定者としての地位をも承継するから、破産法上特別の定めがあるなど特別の事情のない限り、破産者が質権設定者に対して負担していた義務を承継した」として、賃料不払による敷金質権消滅について義務違反を認めている。

ほぼ同じ事例につき、東京高裁の判断が分かれており、最高裁判所における判断が注目されるところである。

5　根債権質の被担保債権額の確定

(1) 破産手続

根債権質において、被担保債権の入替りの可能性がなくなるという意味での確定の概念は不可欠である。この根債権質における確定事由において、債務者または設定者が破産手続開始決定を受けた場合には、根抵当権の担保すべき元本は確定する（民法398条の20第1項4号）とする民法の規定を準用して、確定させるべきものと解される。

債務者または設定者が破産手続によりその財産関係を清算するのであるから、根質権の被担保債権を確定させるべきことは当然であるからである。

(2) 民事再生手続

民事再生手続において、根抵当権の債務者または根抵当権設定者について再生手続が開始しても元本は確定しない（民事再生法148条6項参照）。

民事再生法148条6項の規定は、根抵当権に関する規定であるが、担保権消滅請求の対象に質権が含まれること（同条1項、53条）から、根債権質権についても同条を類推適用することが可能であると解される。しかし、根抵当権者が担保権の実行を申し立てたときに元本が確定する（民法398条の20第1項1号）ので、別除権者である根債権質権者が、質権を行使した場合には、根債権質も確定することになる。

根債権質権を行使して不足額が確定した場合は、不足額部分は当然再生債権として再生手続に従い権利行使ができる（民事再生法182条）。また、再生債務者は、根債権質権者と別除権協定を締結し、この別除権協定に従い弁済することが可能であるが、この場合には、被担保債権を確定させた上で、質権の対象債権を評価し、評価額相当分を別除権の目的財産の受戻しとして裁判所の許可または監督委員の同意を得た上で（同法41条1項9号、54条2項）、弁済することになる。

(3) 会社更生手続

会社更生手続の開始によって根抵当権の元本は確定しない（会社更生法104条7項）。以前、会社更生手続の開始により確定するか否かにつき争いがあったが、立法的に解決されたものである。同項は、根抵当権に関する規定であるが、民事再生法と同様に根債権質権に類推適用することが可能であると解される。

しかし、根債権質権者が新たな与信を行わない場合等は、民法398条の19を類推適用して、管財人と根抵当権者は、同条に基づく元本確定請求ができるほか、合意によって元本を確定することができると解される。

根債権質権が確定しない場合、質権対象債権の評価額より被担保債権の額が少ない場合に、開始決定後に生じた被担保債権の種類に属する共益債権が、当該根債権質権によって担保されるか否かにつき、根抵当権の場合と同様に争いがあり得る。詳細は、本書第2部⑤中井論稿を参照されたい。

6 質権対象債権に関する問題（特に将来債権）

(1) 問題の所在

債権質権の場合、質権対象債権については、債権譲渡担保の場合と同様に、将来債権についてその対象とすることが可能である。

そして、最三小判平11.1.29（民集53巻1号151頁・金法1541号6頁）は、現在既に債権発生の原因が確定し、その発生を確実に予測し得るものであれば、特段の事情がない限り、始期と終期を特定してその権利の範囲を確定することでこれを有効に譲渡することができ、8年3カ月の間に支払を受ける債権

の譲渡も有効であるとした。

　また前述のように、動産・債権譲渡特例法は、法人の場合は、債務者を特定しない場合でも10年間の債権質権の設定につき対抗要件の具備を認めていることから、かかる将来債権が倒産手続上どのように扱われるか問題となる。

（2）破産手続

　　a　法人破産などの場合

　破産手続において、破産手続開始決定時の一切の財産は破産財団となり（破産法34条1項）、破産者の将来請求権も破産財団を構成する（同条2項）。そして、破産財団に関する管理処分権は、破産管財人に専属し（同法78条1項）、破産管財人が破産者の事業を継続するのは例外的な場合（同法36条）である。このため、破産手続の開始がなされれば、仮に将来債権について質権が設定されていたとしても、破産財団が新たな質権設定対象債権を発生させることは想定できず、既発生かそれと同様に評価される債権が質権の対象債権となる。なお、破産法34条2項にいう「将来の請求権」とは、停止条件付債権や期限付債権で破産手続開始決定時の時点では未だ条件成就や期限の到来が認められないものであり（伊藤眞『破産法〔第四版補訂版〕』169頁）、前述の将来債権とは異なる。

　したがって、法人や自然人の場合でも破産手続により従来の業務を終了させる場合には、深刻な問題は生じない。

　　b　自然人

　前述の最三小判の場合は、自然人である開業医の診療報酬請求権に対する譲渡担保設定の事例である。この場合のように、自然人が、破産手続開始決定後も同一の業務を継続すると、同一の債権発生の原因により発生した債権として、質権の対象債権となるかが問題となる。

　質権の対象となるとすれば、質権には取立権が認められることから（民法366条）、別除権である質権者が、開始決定後に破産者が取得する債権についても優先的に弁済を受けることを認めることとなる。これは、固定主義を採用し、破産者が破産手続開始決定後に取得した資産を新得財産として、破産者の経済生活の再生機会の確保を図るとする破産法の目的（破産法1条）と

著しく齟齬を来す。前述の最三小判は、契約締結時の譲渡人の資産状況や営業等の推移に関する見込み、契約内容、契約が締結された経緯等によっては、「契約内容が譲渡人の営業活動等に対して社会通念に照らし相当とされる範囲を著しく逸脱する制限を加え、又は他の債権者に不当な不利益を与えるものであると見られるなどの特段の事情の認められる場合には、右契約は公序良俗に反する」とする。

したがって、破産手続開始決定を受け、本来新得財産となるべき債権が質権の対象債権となることを、「社会通念に照らし相当とされる範囲を著しく逸脱する」と解することが可能であれば、質権設定契約の効力を公序良俗違反（民法90条）を理由に否定することが可能であろう（なお、高木多喜男「集合債権譲渡担保の有効性と対抗要件（上）」ＮＢＬ234号13頁、河合伸一「第三債務者不特定の集合債権譲渡担保」金法1186号56頁等）。

（3）**民事再生手続**

　a　将来債権について債権質権を設定する場合には、質権設定者が債務不履行に陥らない場合には、設定者が個々の債権を取り立てて、事業資金に充てることができる。しかし、民事再生手続の申立ては、多くの質権設定契約において期限の利益喪失事由とされ、期限の利益が喪失した場合には債権者は担保権の実行を行うことが可能であるとされる。

　まず、このような民事再生申立てをもって期限の利益喪失とする倒産解除特約の有効性が問題となるが、リース契約に関する東京地判平15.12.22（金法1705号50頁）等は、かかる特約を有効と解している。

　b　このように民事再生申立てにより、将来債権について質権の効力が及びかつ債権質権者の取立が可能となると、再生債務者は自らの事業活動によって発生させた売掛金等の債権を再建資金に充てることが不可能となる。他方、債権質権者もこの質権を実行することにより直ちに再生債務者につき破産手続が取られ、前述のように原則として事業活動が停止すると、将来債権は発生しないことになる。したがって、本来であれば債権質権者にとっても、事業の継続のために将来債権を再生債務者に利用させる必要性が認められるともいえよう。

では、かかる利益状況下で、別除権として質権を取り扱う民事再生手続でどのような対応が可能であろうか。

　c　中止命令の可否

民事再生手続申立て後、再生手続申立人等の利害関係人は、当該債権質権者の質権実行に対し中止命令の申立て（民事再生法31条）が可能である。

では、裁判所は中止命令の発令を行うことが可能であろうか。以上のような利益状況からすれば、質権実行に対し中止命令を発令することは、一般の利益に合致することは明らかである。問題は、質権実行者に不当な損害はないと解されるかである。

「不当な損害がない」とは、質権実行者にとって損害があってもそれを受忍すべき限度内であることとされる（伊藤眞ほか編著『注釈民事再生法〔新版〕（上）』109頁）。したがって、3カ月ほどの期間を定めて発令されることが多いとされる中止命令期間中に、中止命令の対象となった債権に質権が及ぶことを前提とした上で、売掛金に替わる代替物が提供できる場合等、この期間内に別除権協定が締結される可能性が高い場合に限られることになろう。

そして、仮に中止命令が発令できない場合には、そもそも再生の可能性がないとして、民事再生手続の申立て自体棄却されることになろう。

　d　担保権消滅請求

再生債務者は、担保権消滅請求を行うことが可能である（民事再生法148条）。将来債権が債権質の対象となっている場合には、「事業の継続に欠くことのできないもの」であることは明らかである。したがって、質権を消滅させるには、担保権の対象となった財産の価値に相当する金額をどのように算定するかが問題となろう。

既発生の債権等については、回収リスクを織り込んで算定することが可能である。これに対し、再生債務者の事業継続を前提として発生することが明らかな売掛金債権等は、早期処分価格を前提とする以上（民事再生法150条、民事再生規則79条）、きわめて低廉となることになる。その他、対象債権が賃料債権である場合等も、再生債務者が賃貸人であって初めて発生するものであろうから、これもきわめて低廉な評価となると思われる。

e　以上、将来債権を質権の対象とする質権が設定されている債務者について、民事再生手続で事業の再建を図ることは、既発生の債権相当額を直ちに弁済できるなどの限定的な場合に限られると思われる。

(4) 会社更生手続
　a　倒産解除特約の有効性
　会社更生手続においては、最三小判昭57．3．30（民集36巻3号484頁・金法1004号46頁）が、かかる倒産解除特約について、「更生手続開始の申立の原因となるべき事実が生じたことを売買契約解除の事由とする旨の特約は無効である」旨判示しており、保全命令発令前に期限の利益を喪失している等の場合でない限り、債権を回収することができる。
　b　将来債権の質権と更生手続との関係
　会社更生手続の場合、民事再生手続と異なり、質権者は更生担保権者として、開始決定時の更生会社の財産につき存するものとして更生手続による権利変更を受ける（会社更生法2条10項）。とすれば、開始決定前に具体的に発生している債権について、更生担保権の対象となるとして、開始決定後に更生会社につき発生する債権は、そもそも更生担保権の対象とならないと解することができそうである。
　この点、開始決定前の質権設定契約で将来債権を対象債権とすることが合意され、これについて対抗要件を備えていることから、将来発生する債権についても更生担保権の対象となるとする見解（東京地裁会社更生実務研究会『会社更生の実務（上）』267頁）、開始決定後に更生会社につき発生する債権は、更生管財人が独自の立場で行った行為により発生したものであって、質権設定契約の実体法上の効力が及ばないという見解（事業再生研究機構編『更生計画の実務と理論』125頁）がある。
　c　担保目的債権を回収し利用することの可否
　次に、更生担保権の対象となる債権を、更生管財人が回収し、利用することが可能かが問題となる。
　この点、担保権変換の合意がなされる場合は利用できることは当然として、質権設定時の当事者の合理的意思解釈として回収し使用することが可能な場

合には、回収した債権を運転資金に利用できると解されている（東京地裁会社更生実務研究会・前掲270頁）。

　　d　更生担保権の評価

　更生担保権に係る担保権の目的の価格は、更生開始決定時における時価である。

　まず、更生開始決定時に、既に発生している債権等については、その金額から第三債務者の資力（回収可能性）を評価して行うことになる。開始決定後、債権質権者は、質権対象債権の第三債務者に対し、質権の取立権が行使できない結果、裁判外の請求として供託を求めることはできるが、訴訟提起はできず、管財人も前述のように担保権変換等ができない限り、回収し利用することが困難である。そこで、更生担保権に係る質権の目的である金銭債権の債務者は、遅延損害金の発生などを免れるために、権利供託をすることができる（会社更生法113条1項）。供託がなされると、供託金に質権者と同一の権利を有することとなる（同条2項）。

　次に、開始決定後に発生する債権は、財産評定に基づいて作成される貸借対照表（会社更生法83条）に計上されることはない。そのため、担保権の目的物としても評価されない。ただ、質権対象債権が、「割賦払い債権」の場合には、貸借対照表に計上されるため、評価の対象となり、賃貸借契約に基づく「賃料債権」は、評価の対象とならず、「リース債権」はファイナンス・リースに限って評価の対象となるとされる（事業再生研究機構財産評定委員会編『新しい会社更生手続の「時価」評価マニュアル』183頁）。

7　実務上の留意点

　既述のように、動産・債権譲渡特例法により、債権質権の設定については登記をもって第三者対抗要件を具備することが可能となり、さらに、平成16年の改正により、債務者が特定していない将来債権についても債権譲渡の対抗要件を具備することが可能となった。このため、企業にとっては、売掛金といった物的担保以外の資産をもとに資金調達が可能となっており、実際、このような制度を積極的に利用して資金調達を行なっている例も増えてきて

いると思われる（花井正志「資金調達をスムーズに進める新しい動産債権譲渡特例法」ビジネス法務 6 号94頁以下等）。

　確かに、動産・債権譲渡特例法により、企業のキャッシュフローを対象に融資が可能となった点は、評価できるものであるが、同時にいったんこのような企業が倒産手続、とりわけ再建型倒産手続に移行すると、企業の再建原資である将来債権を企業に残すべきか、担保権者が回収すべきかをめぐって深刻な争いになると思われる（なお、三村藤明ほか「会社更生手続における集合債権譲渡担保とＡＢＬ（1）（2・完）」ＮＢＬ820号34頁、同821号23頁）。この問題については、現在のところ事例の蓄積も少なく、個々の事例ごとに担保権者と倒産手続上の機関（更生管財人、再生債務者）との交渉がなされていくと思われる。

　ただ、民事再生手続は、担保権を別除権として民事再生手続の効力が及ばないものとしている。そのため、今後将来債権を含む債権質権や譲渡担保権が普及すると、民事再生手続の申立てを躊躇せざるを得ない事例が増えてくるものと思われる（なお、このような問題も含む非典型担保全般についての問題は、本書第 2 部⑫籠池論稿でも論じられているので、併せて参照されたい）。

　また、動産・債権譲渡特例法は、対抗要件のみを定めており、実際の実行手続については民法の一般原則に従うことになる。そのため、債権質権の場合には、質権者の取立権ということになるが、金額も債務者を特定していない債権について、質権者としてその実行を行う場合には、債務者の協力が不可欠であろう。しかし、倒産手続中に、どのような法的事由で、倒産手続上の機関が質権者に協力することになるのか、とりわけ、別除権構成をとっている破産手続や民事再生手続の場合、質権者も債務者も有効な手段がなく、結局第三債務者が事実上の利得に与かるということも想定される。

　したがって、将来債権を含む債権を担保に融資を行う場合には、この担保対象債権の実質的価値を見極めることが必要であろうし、また、平時から、サービサー等の債権回収会社を利用した債権管理を行う等の対応が必要であると思われる。

（くろき　かずあき）

7 先取特権

弁護士 那須克巳

1 はじめに

　民法上の先取特権は、優先弁済権の目的となるものの種類に応じて、一般先取特権、動産先取特権、不動産先取特権の三種類に分類される。これらの先取特権の各種倒産手続における取扱いについては、本書第1部・田原論稿において、既にその概略が解説されている。そこで、本稿では、倒産手続において、特にその取扱いが問題となる動産売買先取特権について検討したい。

　この問題に関しては、大別して2つのアプローチが考えられる。実体法が動産売買先取特権の優先弁済権を認めている以上、倒産手続においてもその効力をできるだけ尊重すべきであるとする立場と、動産売買先取特権に基づく執行手続の法律上・事実上の困難性を考慮し、その効力を限定的に解する立場である。前者の立場からすれば、倒産手続において、管財人あるいは再生債務者が動産売買先取特権を無視して目的物等の換価処分を行うことは、担保権の毀滅行為となるおそれがある。一方、動産売買先取特権を重視した場合、破産手続においては目的物が別除権の対象となる結果、事案によっては、破産財団の形成が困難となることがあり得る。また、再建型手続である民事再生や会社更生においては、担保権が手続に拘束されるか否かの差異はあるが、原則として担保目的物の評価額に相当する弁済が必要となるため、事案によっては、再生計画・更生計画の立案が困難となることも予想される。

　動産売買先取特権の倒産手続における取扱いについては、このように大きな問題が秘められているが、実務においては統一的な見解が形成されているとは言い難い（なお、本稿中意見にわたる部分は、これまで主として債務者サイドから倒産事件を扱ってきた筆者の個人的な見解に過ぎず、全国倒産処理弁護士

ネットワークとは無関係である）。

2 問題の所在

　動産売買先取特権は、動産の代価およびその利息に関し、その目的物である動産について存在する（民法311条5号、321条）。動産売買先取特権は、買主の信用状態をあらかじめ確かめることができない売主に保護を与えて、動産の売買を容易にするための制度であるといわれている。

　動産売買先取特権は、抵当権と異なり、公示性がないため、取引の安全との調整が必要である。民法は第三取得者の保護を優先し、債務者がその目的物である動産を第三取得者に引き渡した後は、債権者は先取特権を行使することができないと定めている（同法333条）。このように、動産売買先取特権には追及効が認められないが、物上代位は可能であり、目的物の売却、賃貸、滅失または損傷によって債務者が受けるべき金銭その他の物に対しても行使することができる（民法304条1項）。しかし、この場合にも、先取特権者はその払渡しまたは引渡しの前に差押えをしなければならないとされている（同項ただし書）。

　つまり、動産売買先取特権者がその権利を行使するには、目的物が債務者の占有下にあることが条件となり、また、債務者が目的物を売却した場合には、その代金が支払われる前の段階で、その権利を行使することが条件となる。権利の行使には民事執行法に基づく執行手続が必要となるが、動産売買先取特権に基づく執行が、法律上も事実上も必ずしも容易ではないことから、複雑な問題が生じている。

3 動産売買先取特権の行使方法

（1）平成15年改正前の民事執行法

　平成15年の民事執行法改正前は、先取特権者が担保権を実行できるのは、①債権者が執行官に対し当該動産を提出した場合（旧民事執行法190条、現民事執行法190条1項1号）、②債権者が執行官に対し当該動産の占有者が差押えを承諾することを証する文書を提出した場合（旧民事執行法190条、現民事

執行法190条1項2号）に限定されていた。動産売買先取特権を保全する方法として、仮処分や仮差押えが可能であるかについても議論されたが、否定的な見解が有力であり、動産売買先取特権による執行は、債務者の協力なくしては実質上不可能であった。そのような状況を反映して、破産管財人が目的物を換価するに際しても、動産売買先取特権者の主張を考慮することはほとんどなかった。動産売買先取特権者の主張を無視して商品を任意売却し、売買代金を破産財団に帰属させた破産管財人の行為に対し、売主からの不当利得返還請求と不法行為による損害賠償請求が提起された事案について、「債権者から動産売買先取特権の主張があった場合であっても、右債権者の同意なき限り任意売却できないと解すべき法律上の根拠はこれを見出すことができない。」として、その請求を棄却している裁判例がある（名古屋地判昭61.11.17判時1233号110頁）。

（2）民事執行法の改正

このような事態に対し、実体法上の権利が手続法の不備によって実行できないのは問題であるとの指摘がなされていたが、「担保物権及び民事執行法の改善のための民法等の一部を改正する法律」が平成15年7月25日に成立し、平成16年4月1日から施行された。これにより民事執行法旧190条が改正され、上記①②以外にも、③債権者が執行官に対し執行裁判所の動産競売開始の許可決定書の謄本を提出し、かつその許可決定が執行官の捜索までに債務者に送達された場合には、動産競売が開始されることになった（民事執行法190条1項3号）。

（3）担保権の存在を証明する文書

したがって、動産売買先取特権者が執行をするには、まず執行裁判所の許可決定を得なければならないが、そのためには担保権の存在を証明する文書を提出する必要がある（民事執行法190条2項）。ここでいう「担保権の存在を証する文書」の意味については、債務名義に準じる程度の高度の蓋然性をもって担保権の存在を証明できる独立の文書が要求されると考える立場（準名義説）と、提出された文書を総合して裁判官の自由な心証により担保権の存在が証明できればよいと考える立場（書証説）とがあり、実務では書証説

が有力である。書証説によれば、動産売買を証明する売買契約書、注文書、納品書、受領書、期限の利益喪失約款が規定されている基本契約書等を総合して担保権の存在を証明できれば足りる。また、物上代位で必要とされる差押えに関しても、担保権を証明する文書を執行裁判所に提出することにより可能である（民事執行法193条1項）（中野貞一郎『民事執行法〔増補新訂五版〕』347頁（青林書院、2006年））。

(4) 執行官の捜索・差押え

債権者が執行裁判所の動産競売開始の許可決定謄本を提出して動産競売の申立てをした場合、執行官は、債務者の住居その他債務者の占有する場所に立ち入り、その場所において、または債務者の占有する金庫その他の容器について目的物を捜索することができ（民事執行法192条、123条2項）、目的物を発見できれば、執行官はその動産を占有して、差し押さえることになる（民事執行法123条1項）。当該動産が債務者の住居その他債務者の占有する場所にない場合、または債務者の金庫その他の容器にない場合は、執行は不能となる（民事執行法190条2項ただし書、123条2項）。

4　判例

(1) 動産売買先取特権と否認権

破産手続において動産売買先取特権は別除権とされ（破産法2条9項）、破産者に対して動産を売却した売主は、買主が破産しても破産財団中に目的物が現存すれば、民事執行法による動産競売が可能となるが、前述した通り、平成15年の民事執行法改正前においては、その執行は容易ではなかった。そこで、売主は、債務者の協力を得て、動産売買の目的物や、目的物を転売した代金債権を代物弁済として受領することが行われたが、これらの行為が破産手続との関係で否認対象行為に該当するのかが争われた。動産売買先取特権と否認権が直接問題となった判例としては、次の3つのケースが挙げられる。

① 　最一小判昭41.4.14民集20巻4号611頁（金法446号6頁）

債務者が先取特権の目的物を先取特権者に代物弁済した事案であるが、破産債権者を害する行為とは、破産債権者の共同担保を減損させる行為である

ところ、もともと動産売買の先取特権の目的物は破産債権者の共同担保ではないので、有害性はなく、代物弁済は否認の対象とはならないとされた。

② 大阪地判昭57．8．9判タ483号104頁

債務者が目的物を売却した代金債権を先取特権者に代物弁済として債権譲渡した事案であるが、動産売買の先取特権の目的物による代物弁済は破産債権者を害するものではなく否認の対象とならないが、動産が転売されて転売代金債権に変じた場合にも、転売代金債権の上に物上代位権が及ぶので、転売代金債権を売買代金債権（被担保債権）の担保のために債権譲渡することも、破産債権者を害するものではなく否認の対象にならないとされた。

③ 最一小判平9．12．18民集51巻10号4210頁（金法1510号71頁）

債務者が先取特権の目的物を一度転売したが、転得者と合意解除して目的物を先取特権者に代物弁済した事案であるが、「動産売買の先取特権の目的物が買主から第三取得者に引き渡された後に買主がその所有権及び占有を回復したことにより、売主が右目的物に対して再び先取特権を行使し得ることになるとしても、破産会社（債務者）が転売契約を合意解除して目的物を取り戻した行為は、被上告人（債権者）に対する関係では、法的に不可能であった担保権の行使を可能にするという意味において、実質的には新たな担保権の設定と同視し得るものと解される。」旨および「なお、被上告人は、本件物件が転売されたことにより、転売代金債権につき先取特権に基づく物上代位権を取得したものと認められるが、物上代位権の行使には法律上、事実上の制約があり、先取特権者が常に他の債権者に優先して物上代位権を行使し得るものとはいえない上、本件代物弁済の時点では本件物件の売買代金債権の弁済期は到来しておらず、被上告人が現実に転売代金債権につき物上代位権を行使し得る余地はなかったと認められるから、本件代物弁済が他の破産債権者を害する行為に当たるかどうかの判断につき右物上代位権の存在が影響を与えるものではない。」との理由で、否認権の対象となるとした。

上記③の事案は、②の事案における物上代位権が、転売契約の解除により①の事案における目的物に戻ったとも考えられるが、判例は①、②の事案とは異なる結論を出している。その主な理由は、転売契約の合意解除による目

的物の取戻しが「法的に不可能であった担保権の行使を可能にする」ものであること、および「物上代位権の行使には法律上、事実上の制約があり、先取特権者が常に他の債権者に優先して物上代位権を行使し得るものとはいえない」ことにあるようである。

(2) 動産売買先取特権の物上代位における「差押え」の趣旨

物上代位権が認められる根拠に関連しては、従前から、特定性維持説（担保物権は価値権を把握するものであるから、価値が具体化した転売代金などの価値変形物に当然にその効力が及び、転売代金などがその特定性を維持してさえいれば、物上代位権は行使可能である。民法304条1項ただし書の「差押え」は、先取特権者自らが差押えをすることを要求するものではない）と、優先権保全説（目的物が消滅すれば本来担保権も消滅するが、民法304条1項ただし書の「差押え」によってはじめて物上代位権を保全できる。したがって、先取特権者本人が転売代金債権を差し押さえる必要がある）とに見解が分かれていた。判例は、以下の通り特定性維持説に近い立場をとり、破産手続が開始された場合でも、売主の目的債権に対する物上代位権を認めている。

① 最一小判昭59.2.2民集38巻3号431頁（金法1056号44頁）

「民法304条1項但書の趣旨は、先取特権者の差押によって、第三債務者が金銭その他の目的物を債務者に払渡し又は引渡すことが禁止され、他方、債務者が第三債務者から債権を取立て又はこれを第三者に譲渡することを禁止される結果、物上代位の対象である債権の特定性が保持され、これにより物上代位権の効力を保全せしめるとともに、他面第三者が不測の損害を被ることを防止しようとすることにある。債務者が破産宣告決定を受けた場合においても、その効果の実質的内容は、破産者の所有財産に対する管理処分権能が剥奪されて破産管財人に帰属せしめられるとともに、破産債権者による個別的な権利行使を禁止されることになるというにとどまり、これにより破産者の財産の所有権が破産財団又は破産管財人に譲渡されたことになるものではない。動産売買先取特権者が物上代位権を行使する前に、債務者が破産宣告を受けた場合であっても、目的債権を差し押えて物上代位権を行使することができる。」旨判示している。

ところで、抵当権に関しては、物上代位の目的債権が譲渡され第三者に対する対抗要件が備えられた後においても、抵当権者は自ら目的債権を差し押さえて物上代位権を行使することができる（最二小判平10．1．30民集52巻1号1頁・金法1508号67頁）。しかし、動産売買先取特権については、次の判例のように、物上代位の目的債権が譲渡され第三者に対する対抗要件が備えられた後においては、目的債権を差し押さえて物上代位権を行使することはできないとされている。

②　最三小判平17．2．22金法1740号28頁
　「民法304条1項但書は、抵当権とは異なり公示方法が存在しない動産売買の先取特権については、物上代位の目的債権の譲受人等の第三者の利益を保護する趣旨を含むものと言うべきである。そうすると、動産売買の先取特権者は、物上代位の目的債権が譲渡され、第三者に対する対抗要件が備えられた後においては、目的債権を差し押さえて物上代位権を行使することはできないものと解するのが相当である。」

5　実務上の問題および倒産手続における取扱い

（1）実務上の問題

　上記の通り、民事執行法の改正により、動産売買先取特権の執行は従来に比べ容易になったといえるが、現実には、民事執行法改正後も、動産執行の申立件数はさほど増加していない。動産売買先取特権の行使を難しくしている原因としては、以下のような事由が考えられる。

① 担保権の存在を証する文書の提出が容易ではない。
② 売買の目的物の所在の確認が容易ではない（執行官を伴って行う目的物の捜索が、どの程度効果があるか疑問である）。
③ 目的物の特定性の証明が容易ではない。
④ 債務者の占有下になければ、執行不能となってしまうので、売却後短期間のうちに行う必要がある。
⑤ 物上代位については、どの目的物が誰に転売されたのか覚知しなければ行使できない。

動産売買先取特権の執行を容易にするために、裁判所は民事執行法193条の運用を改善すべきであるとする意見もある。しかし、これによって上記①については改善されるであろうが、②以下について大きな変化があるとは思えない。実務上の経験からすれば、動産売買先取特権を行使できるのは、特定性の強い商品の売買で、売主が目的物の保管場所や転売先を売買契約の時点において十分に把握している場合や、商社を通じての取引のように、商品の流通経路とこれを裏付ける帳票類の捕捉が確実に行えるような場合であって、かなり限定されていると思われる。

(2) 判例の検討

　上記4(1)③の判例は「物上代位権の行使には法律上、事実上の制約がある」と指摘している。この視点からすると、4(1)②の判例のように、目的物に対する代物弁済が否認の対象とならないことを理由として、その価値変形物である転売代金債権の代物弁済も当然に否認の対象とならないとすることは、物上代位権の行使における「法律上、事実上の制約」の有無の検討を欠くものであり、妥当ではない。さらに、物上代位のみならず、目的物そのものに対する動産売買先取特権の行使に際しても、上記の通り「法律上、事実上の制約」がないとはいえず、4(1)①の事案についても、動産売買先取特権の行使が現実に可能であったか否かの検討が必要とされたのではなかろうか。また、上記の各事案においては争点となっていないが、動産売買先取特権者が多数いる場合、債務者が一部の担保権者だけを優遇することは許されるのであろうか。

(3) 倒産手続における取扱い

　上記の通り、通常の形態の売買行為において動産売買先取特権を行使することは、必ずしも容易ではない。上記4(1)③の判例が物上代位権の行使について「法律上、事実上の制約」の存在を指摘したのは、実務的な感覚からすれば、きわめて正当な指摘である。平時においてその執行が容易でない動産売買先取特権を、執行の現実的可能性を全く考慮せずに、実体法上認められている担保権であるというだけの理由で、倒産手続において無条件で保護することには躊躇を覚える。現行破産法においては、担保権の消滅を前提と

する破産管財人の任意売却権と売買代金の一部の財団組入れが認められていることからすると（破産法186条以下）、破産管財人が破産財団の増殖を担保権者の利益より優先することも許される、と解する余地がありそうである。

　平時において、債務者は動産売買先取特権の目的物を自由に処分することが可能であり、目的物の転売代金債権の弁済を受けることも自由である。そして、ひとたび債務者が目的物を処分したり、あるいは物上代位の対象となる債権の弁済を受けた場合には、動産売買先取特権者はその権利を喪失し、債務者が受領した物や金銭は債務者の責任財産に混入して、一般債権者の共同担保となる。つまり、動産売買先取特権は、その権利行使がなされることによってはじめて担保権としての機能を発揮できる権利であり、そのような内在的制約を伴った担保権ともいえるものである。

　動産売買先取特権の倒産手続における取扱いに関する従来の議論は、実体法上の担保権を倒産手続でどのように保護するのかといった一般的・抽象的議論に終始していたように思われる。動産売買先取特権の倒産手続における取扱いを検討するに際しては、一般論ではなく、具体的な事案に即して、債権者の有する権利の現実的な執行可能性を検討することが必要ではなかろうか。そして、動産売買先取特権者が管財人等に対し、その権利行使が法律上も事実上も容易であることについて高度な疎明をした場合には、担保権者による民事執行という形で権利行使がなされなくとも、管財人等がこれを尊重することは認められるであろう。しかし、そのような高度な疎明がなされなかった場合は、管財人等は原則として自由に目的物を処分することができ、また物上代位の対象債権について弁済を受けることも可能であると考える。再建型事件においては、取引継続の必要性等も考慮に入れて、債権者の主張する動産売買先取特権の取扱いを決定することになろうが、これもまた上記の要件に従って、管財人等の判断に委ねてよいと思われる。

6　債権者の立場から見た実務上の留意点

（1）動産売買先取特権の実行

　既に述べた通り、動産売買先取特権は倒産処理手続において実務上優遇さ

れているとは言い難いが、このような状況下において、担保権者としては、どのような対応をすべきであろうか。

倒産手続において動産売買先取特権が認められるためには、何らかの形でその権利が行使されていることが望ましい。したがって、債権者としては、少しでも可能性があれば、まず第一に動産売買先取特権の行使を試みるべきである。かつては、動産売買先取特権には追及効がなく、破産手続開始決定により差押えと同様の効果が生ずること等を理由として、破産手続開始決定後における動産売買先取特権者による物上代位権の行使を否定する下級審判決が多数出され、実務の運用も否定的であった。しかし、最高裁（最一小判昭59.2.2民集38巻3号431頁・金法1056号44頁）がこれを肯定して以降、破産手続開始決定後も差押えを可能とする運用がなされており、通説もこれを肯定している（このほか、一般債権者による差押えがなされた後も物上代位権の行使のための差押えは可能とする判例として、最二小判昭60.7.19民集39巻5号1326頁・金法1105号6頁）。

ひとたび目的物の差押え、あるいは物上代位による債権の差押えがなされれば、破産管財人等はこれを無視することはできなくなる。また、事案によっては、最終的な執行に至らなくても、差押手続の過程（申立てから執行までの間）において、現実に申立てがなされていることを前提とした破産管財人等との和解交渉が可能になると思われる。

なお、破産や民事再生と異なり、会社更生の場合には、開始決定がなされると担保権の実行も制限されるが、更生手続においては申立てから開始決定まで約1カ月程度かかるのが通例であり、手続を取るための時間的な余裕はあると思われる。

（2）債務者あるいは第三債務者の協力の取得

次に、担保権の存在を証明する文書が不十分で、動産売買先取特権の実行が速やかにできないような場合には、目的物の代物弁済、あるいは物上代位の対象となる債権の代物弁済を債務者に働きかけるべきである。前述した通り、動産売買先取特権の目的物による代物弁済は、原則として有害性を欠き、否認の対象とならないとされているが、今後の判例の動向や、事案によって

は、否認リスクがないとはいえない。しかし、このようなリスクが含まれているといっても、代物弁済による目的物の占有あるいは債権の取得は、何らの手も打たない場合に比べて、強力な交渉材料となる。

　実務においては、債権者から破産管財人等に対して、動産売買先取特権を行使するので目的物の処分や債権の回収を控えるべきであるといった趣旨の通知がなされることがあるが、債権者からこのような通知が送付されたからといって、債務者が有する目的物の任意処分権あるいは債権の回収権が制限されるわけではない。これらの通知はむしろ破産管財人等の早期処分を促すことにもなりかねず、効果的とは言い難い。

　破産手続が開始された後は、債務者の協力を得ることは不可能であるが、債権などに関しては、第三債務者に事情を話して、支払を事実上留保してもらうべく努めるべきである。第三債務者は、債務者を通じた物品の供給ルートが途絶え、債権者の協力なくしては自己の将来の営業活動に影響が生じることもあり得るので、その協力が得られることも少なくない。第三債務者に支払を停止してもらっている間に、差押手続をとるか、あるいは破産管財人等との和解交渉を進めるべきである。

（3）取引の継続を前提とした交渉

　破産手続においては、営業の続行は希であり、取引の停止は破産管財人にとって痛手ではない。しかし、民事再生や会社更生などの再建型手続においては、従来の取引関係の継続は再建にあたっての必要不可欠な要素となることが多い。このような場合、債権者としては、取引再開の条件として、動産売買先取特権の取扱いにつき債務者と協議し、債務者側から一定の譲歩を得ることも、事案によっては可能であると思われる。

【参考文献】
1　瀬戸正二「最高裁判所判例解説民事篇」昭和41年度192頁
2　山下郁夫「最高裁判所判例解説民事篇」平成9年度（下）1422頁
3　山本和彦「別冊ジュリスト破産法判例百選（第3版）」62頁
4　田原睦夫「別冊ジュリスト破産法判例百選（第3版）」64頁

5　道下徹・高橋欣一編『裁判実務体系6 破産訴訟法』336頁〔今中利昭〕
6　全国倒産処理弁護士ネットワーク編『論点解説新破産法　上』75頁〔宮崎裕二〕
7　田邊光政編『最新倒産法・会社法をめぐる実務上の諸問題』122頁〔清原泰司〕
8　渡部晃「動産売買先取特権に基づく物上代位権の行使と目的債権の譲渡（上）（下）」金法1745号20頁、1746号117頁
9　大塚剛志「平成15年改正担保・執行法により新設された手続を巡る動向」民事法情報222号33頁

（なす　かつみ）

8 留置権

弁護士 小林信明

1 はじめに

　留置権の特徴は、優先弁済的効力がなく、自らは優先弁済の実現手段たる担保権実行ができない（ただし、換価のための競売権がある）が、留置的効力によって、他の者からの権利実行に対しては事実上最先順位で優先弁済を受けることができることであり、これは民事留置権と商事留置権とに共通している。

　しかし、留置権は、担保権が最も機能を発揮する倒産手続においては、その効力が変容する。まず、商事留置権は倒産手続上保護されるが、民事留置権は保護されない。次に、民事留置権と商事留置権のそれぞれの取扱いも、破産と他の手続とでは異なる。破産では、民事留置権は消滅し、商事留置権は特別の先取特権とみなされるが、民事再生および会社更生では、民事留置権は別除権または更生担保権とはならないものの、その効力は消滅することはなく、また商事留置権は別除権または更生担保権として保護されるが、特別の先取特権となることはない（これらの取扱いについては、立法論的に批判もあったが、平成16年の「破産法改正作業」においては、改正されなかった）。

　そもそも留置権は、その特徴から取扱いが複雑であるが、倒産手続における変容で、さらに錯綜することになり、十分に解明できていない点も少なくない。本稿は、2で「留置権の概要」を、3で「破産における取扱い」を、4で「民事再生における取扱い」を、5で「会社更生における取扱い」を、6で具体的に問題になる事例として「手形上の商事留置権」と「不動産に対する商事留置権」を、最後に、7で「実務上の留意点」を概観する。十分な検討がなされたものとは言い難いが、今後の整理の一助になれば幸いである。

2　留置権の概要

(1) 留置権とは

　留置権は、債権者が被担保債権全額の弁済を受けるまで目的物を留置することができる権利であり、これをもって目的物の返還を求めようとする債務者（所有者）に対し、間接的に債権の弁済を強制する作用を持つものである。留置権は、当事者の約定によって発生するものではなく、定められた要件に該当すれば法律上当然に発生する法定担保物権であり、それには、民法上認められた留置権（民事留置権）と、商人間の留置権などの商法または会社法上認められた留置権（商事留置権）（注1）とがある。民事留置権は、被担保債権と目的物との牽連性を要件としているが（民法295条）、商人間の留置権は、商人間の双方的商行為によって生じた債権であれば、商行為によって占有に帰した目的物との牽連性は要求されていない（商法521条）。そのため、事業を営んでいた債務者が倒産した場合には、事業の継続に必要な商品・原材料などが商事留置権の対象となることが少なくない。

(2) 倒産に至らない場合の取扱い

　民事留置権および商事留置権は、担保物権でありながら、留置的効力を有するものの、優先弁済的効力を有しないことに特徴がある。そのため、債務者が倒産に至らない場合（平時の場合）の取扱いは、次の通りとされている（注2）。なお、これらの取扱いが倒産手続においてどのように変容するかは、3以下で検討する。

　　a　留置権者は、債務者からの目的物返還請求に対し、その留置的効力によって被担保債権全額の弁済を受けるまではこれを拒否できる。

　　b　留置権者は、他の権利者からの権利実行に対しても留置的効力を主張できる。すなわち、①目的物が動産の場合、他の債権者や担保権者が当該動産を競売しようとしても、留置権者がその提出を拒めば差押えをすることができない（民事執行法124条、192条。他の債権者や担保権者は所有者が目的物の占有者に対して有する引渡請求権を差押えすることができる（民事執行法163条1項）とされているが、aのように留置権者はその引渡しを拒否することができる）。

したがって、他の債権者や担保権者は、留置権者の被担保債権を弁済しない限り事実上競売をすることができない。②目的物が不動産の場合、競売手続は進行するが、留置権はその成立時期にかかわらず他の担保権に対抗することができ、競落後、買受人は留置権の被担保債権を弁済する責めを負うから（引受主義）（民事執行法59条4項、188条）、留置権者は事実上最先順位で優先弁済を受けることができる。

　　c　留置権は、優先弁済的効力を有しないから、自らは優先弁済の実現手段たる担保権の実行をすることができない。しかし、留置権者が目的物を留置し続けることの負担を考慮し、民事執行法195条は、留置権者に競売権を認めている。この競売の理解については諸説が対立しているが（注3）、形式競売であり配当手続は行われないものと解されている（浦野雄幸『条解民事執行法』891頁。東京地決昭60.5.17判時1181号111頁）。したがって、留置権者は、債務者に対して換価金返還義務を負うことになるが、被担保債権と相殺をすることによって、事実上の優先弁済を受けることになる（鈴木忠一＝三ヶ月章編『注解民事執行法5』387頁〔近藤崇晴〕）。

3　破産における取扱い

(1)　民事留置権

　　a　留置権は、倒産手続において大きな変容を遂げるが、その変容の1つが、商事留置権は担保権として保護されるものの、民事留置権が保護されなくなることである。この取扱いの違いについては、民事留置権と商事留置権とでは、その沿革や担保的期待に違いがあることなどがその理由とされているが、立法論的には、民事留置権も商事留置権と同じように保護するべきであるとの見解がある（斎藤秀夫『注解破産法　上巻』662頁）（注4）。そして、保護されない民事留置権について、破産以外の倒産手続では留置的効力は維持されるが、破産法は、破産財団に対しその効力を失うものした（破産法66条3項）。破産では、財団所属財産の換価処分をする必要があることが考慮されたものである。

　　b　民事留置権者は、その効力が消滅するため、目的物を破産管財人に引

き渡さなければならず、破産管財人は、引渡しを受けた目的物を換価して、その代金を破産財団に組み入れることになる。

民事留置権者は、被担保債権全額について破産債権者としての権利行使をすることになる。

(2) 商事留置権

a　破産法は、商事留置権を特別先取特権とみなし（破産法66条1項）、別除権として破産手続によらない権利行使を認める（破産法2条9項、65条1項）が、その効力は他の特別先取特権に後れるものとした（破産法66条2項）。留置権は本来担保権としては弱いものであることが考慮されたものである。

b　商事留置権が特別先取特権とみなされることに関し、破産手続開始後もなお留置的効力が存続するかについては従来から争いがある。この点につき、最三小判平10.7.14（民集52巻5号1261頁）は留置的効力の存続を認めたものとも解されること（6(1)参照）、商事留置権消滅請求制度（破産法192条）が新設されたことなどから、これを肯定するべきものと解される（注5）。もっとも、同判決は、留置的効力を認めることについて、「他の特別の先取特権者に対する関係はともかく、破産管財人に対する関係においては」との留保をつけている。その趣旨は、破産法66条2項との関係で、他の特別先取特権者には留置的効力を主張することができないという相対的な理解をすることを意味するものと思われる（山本克己「破産宣告と商事留置権の効力」金法1522号14頁）。

c　このような変容を遂げた商事留置権につき、具体的な取扱いを以下に検討するが、必ずしもその規律は明確ではなく、特に留置的効力の存続について相対的に理解する立場を前提にすると法律関係は錯綜する（これらについては、山本克己「不動産の留置権と債務者の破産」私法判例リマークス1999号上148頁、山本和彦「破産と手形商事留置権の効力」金法1535号6頁）に詳しい）。

（ア）商事留置権者は、特別先取特権者として担保権実行の競売を申し立て（動産につき民事執行法190条、不動産につき同法181条。ただし、不動産についてはその実行要件が問題となるが、同条1項4号の類推が考えられる）、その競売代金の配当を求めることができる（注6）。その配当順位は、他の特別先

取特権がある場合はこれに後れることになる（破産法66条2項）。なお、後述の通り、目的物が不動産で抵当権が設定されている場合、抵当権と商事留置権の優劣については、抵当権の登記と商事留置権者の占有の取得時期の先後によって決せられるとの見解もある（秦光昭「不動産に対する商事留置権の成否と債務者破産後の効力」金商1060号40頁、東京高決平10. 11. 27判時1666号141頁・金法1540号61頁）。しかし、不動産先取特権のなかで最後順位の売買先取特権と抵当権との関係は一般に登記の先後により優劣が決せられると解されているから（民法325条、331条、339条参照）、他の特別先取特権に後れる商事留置権は、その成立の時期にかかわらず、不動産先取特権や抵当権との関係でも常に劣後することになると解される（前掲・山本和彦「破産と手形商事留置権の効力」金法1535号9頁）。

（イ）破産管財人は、破産法184条2項により換価権を行使することができるか。商事留置権が特別先取特権とみなされたとしても、破産管財人に対する関係では留置的効力が残存するとすれば、①目的物が動産の場合で商事留置権者が目的物の提供を拒否したときには、破産管財人の換価は不可能となり（民事執行法124条）、また、②目的物が不動産の場合では、民事執行法59条4項が適用されると解されよう（他に抵当権等が設定されていない場合には、このように解されるが、留置的効力を相対的に理解する立場からは、抵当権等が設定されている場合には、商事留置権は、前述の通り常に抵当権等に劣後するから民事執行法59条4項は適用されないと解さざるを得ず、錯綜した関係になる）。この場合、破産管財人としては、留置権者の協力が得られないときには、財団所属財産の換価処理が困難になるから、商事留置権消滅請求制度（破産法192条）の利用または目的物の財団からの放棄を検討することになろう。

なお、破産開始によって、商事留置権の留置的効力は消滅するとの見解にたてば、破産管財人の換価権行使に対して商事留置権者はこれを拒むことはできないことになる（破産法184条2項後段）。

（ウ）他の担保権者による実行の場合はどうなるのか。前述のように、商事留置権者は他の特別先取特権者や抵当権者との関係では留置的効力を主張

することができないと解すれば、目的物たる動産に他の特別先取特権者が存在する場合には、その先取特権者による競売実行を妨げることができないと解する余地がある（ただし、当該先取特権者がどのように民事執行法190条1項の要件を満たすのかが問題となる）。また、目的物が不動産の場合には、抵当権者等による担保実行に対して民事執行法59条4項は適用されず、商事留置権の配当順位は抵当権等に常に後れる（破産法66条2項）と解されよう。

(3) 商事留置権消滅請求

a　商事留置権の対象となっている目的物につき被担保債権全額の弁済をしなければ引渡しを受けられないとすれば、債務者の事業継続に支障が生じるし、目的物の価額を超える弁済をすることは他の債権者との公平に反することになる。そこで、倒産手続においては商事留置権を消滅させる制度が必要とされる。

破産においても担保権消滅請求制度（破産法186条）が設けられているが、その適用場面は担保権目的財産を任意売却する場合に限定されているため、破産管財人が目的物を保有し続けることを前提とする場合には、当該制度を利用することはできない。

b　そこで、目的物が破産法36条の規定により継続されている事業に必要なものであるとき、その他目的物の回復が破産財団の価値の維持または増加に資するときには、破産管財人は商事留置権の消滅を請求することができる制度（商事留置権消滅請求制度）が設けられた（破産法192条1項）。この制度は、破産管財人が裁判所の許可を得た上で、商事留置権の目的物の価額に相当する金銭を商事留置権者に対して弁済し、かつ消滅請求をしたときには、商事留置権が消滅するというものである（同条2項ないし4項）。

この制度の特徴は、裁判所は、その許可をするにあたって、弁済予定額が目的物の価額に相当するか否かについて判断する必要はなく、価額についての争いは、破産管財人と商事留置権者との間の目的物返還請求訴訟において、商事留置権消滅の要件の1つとして判断されることになることである。

4　民事再生における取扱い

(1) 民事留置権

　a　民事再生において、民事留置権は別除権とは認められない。そのため、再生手続開始後は新たに競売の申立て（民事執行法195条）をすることができず、また既に申し立てられていた競売手続は、開始決定によって当然に中止され（民事再生法39条1項）、再生計画の認可決定の確定により失効する（民事再生法184条）。

　民事留置権者は、被担保債権全額について再生債権者としての権利行使をすることになる。

　b　しかし、破産と異なり留置権の効力は消滅しないため、次の取扱いとなる。

　（ア）民事留置権者は目的物を引き続き留置することを認められ、再生債務者がその返還を求めても、民事留置権者はこれを拒むことができる（2(2) a参照）。

　しかも、担保権消滅請求制度（民事再生法148条）は、民事留置権を対象外としている。また、民法301条は、代担保による留置権消滅を認めており、これは民事留置権も対象としているが、民事留置権に対する同規定の利用は、再生債権に対する担保提供であるから、民事再生法85条1項に反することになる。

　そのため、再生債務者としては、目的物が事業継続のために必要なときにはその対処に困ることになる。被担保債権の一定額を民事留置権者に支払うことによって目的物の取戻しを図ることも考えられるが、それは再生債権の弁済に当たるので、実務的には、裁判所の許可を得た上での、和解（民事再生法41条1項6号）または中小企業に対する弁済（同法85条2項）・少額債権に対する弁済（同条5項）によるなどの工夫をする必要がある。

　（イ）さらに、目的物に別除権たる他の担保権が存し、その実行がなされたときは、民事留置権者は、留置的効力を保持しているため事実上の優先弁済を受ける結果となることが考えられる（2(2) b参照）。

このような状況を考えると、立法論としては、前述の通り民事留置権を商事留置権と同様に保護するか、または民事留置権を保護しないのであれば、民事再生（および後述のように問題点を共通にする会社更生）においても、破産と同様に、民事留置権の効力を消滅させるべきであると思われる（注7）。

（2）商事留置権

a　民事再生においては、商事留置権は、破産と同じく別除権とされ、再生手続によらないで行使することが認められている（民事再生法53条1項2項）が、破産とは異なり特別先取特権とみなされることはない。破産の取扱いと異なる理由としては、①再建型の手続である再生手続においては、商事留置権者に担保権実行という保護を与えてまで、別除権の行使を促す必要性に乏しいこと、②（優先弁済的効力のない）商事留置権は、一般の優先権のある債権には劣後するにもかかわらず、再生手続開始後に特別先取特権とみなした場合にはその順位が逆転することになってしまうことなどが指摘されている（花村良一『民事再生法要説』161頁）。

b　特別先取特権とみなされない結果、商事留置権者の取扱いとしては、基本的には、2(2)で前述した平時の取扱いと共通することとなる。

すなわち、再生債務者からの引渡請求に対しては債権の弁済を求めてそれを拒否することができ（2(2)a参照）、他の担保権実行に対しては、事実上の優先弁済を受けることができる（2(2)b参照）。また、自ら競売権を行使して（民事執行法195条）、その換価をすることも可能である（2(2)c参照）。この場合、平時であれば、商事留置権者は、その換価代金を相殺することにより、事実上優先弁済を受けられる。しかし、再生債権者が再生手続開始後に債務を負担したときには相殺を禁止される（民事再生法93条1項1号）から、商事留置権者は、再生手続開始後に競売権を行使して、換価代金を受け取った場合には、相殺はできず、換価代金を再生債務者に返還しなければならないと考えられている（須藤英章編著『民事再生の実務』295頁〔須藤英章〕）。しかし、商事留置権は、これ以外の場合、すなわち、①破産の場合、②民事再生における担保権消滅請求や他の担保権実行の場合、③後述の会社更生の場合、のいずれにおいても、結果として優先弁済が認められる。それにもかか

わらず、上記の場合についてだけ優先弁済が否定されることについては、均衡を失するとの批判はあり得る（なお、手形上の商事留置権の民事再生における取扱いについても、基本的に類似の関係になる。6(1)c参照）。

(3) 担保権消滅請求

　a　民事再生の担保権消滅請求は、再生手続開始後において、担保権（商事留置権は含まれるが、民事留置権は対象とされていない）目的財産が再生債務者の事業の継続に欠くことのできない場合に、再生債務者が当該財産の価額に相当する金銭を納付して担保権を消滅させる手続である（民事再生法148条以下）。この制度は、破産のそれとは異なり、当該財産が第三者に譲渡されるときに限らず、債務者のもとで引き続き保有されるときでも利用することができる。したがって、民事再生においては、担保権消滅請求制度とは別に、商事留置権消滅請求制度が設けられていない。

　b　担保権は、金銭の納付があったときに消滅し、配当が実施されるが（民事再生法153条1項）、目的財産について商事留置権と他の担保権（例えば抵当権）とが併存する場合の配当順位はどうなるのか。

　配当順位は、民事再生法153条3項で準用する民事執行法85条2項により、「民法、商法その他の法律の定めるところ」によることとなるが、留置権はその成立の時期を問わず抵当権等に対抗することができるものと解されており、そのために、不動産競売においては留置権につき常に引受主義（民事執行法59条4項）が採られているから、商事留置権者に対しては最先順位で配当をすべきものと考えられている（深山卓也ほか編著『一問一答民事再生法』204頁）（注8）。

5　会社更生における取扱い

(1) 民事留置権

　会社更生において、民事留置権は、更生担保権の基礎となる担保権とは認められず（会社更生法2条10項）、その被担保債権は単なる更生債権として権利行使ができるに過ぎない。しかし、民事再生と同じく（破産とは異なり）、留置権としての効力は消滅しないから、民事留置権者は引き続き目的物を留

置することができる。民事留置権は、更生計画が認可されると消滅する（会社更生法204条1項）が、それまでは、基本的に民事再生と同じ取扱いである（4(1)参照）。ただし、会社更生では、民事再生とは異なり、担保権実行は禁止されるため、他の担保権実行の場合の民事留置権の処理の問題は生じない。

(2) 商事留置権

会社更生において、商事留置権は、更生担保権の基礎となる担保権として認められ、その被担保債権で担保権目的物の価額が時価であるとした場合に担保される範囲のものは、更生担保権となり（会社更生法2条10項）、その範囲を超えるものは更生債権となる。破産のように特別先取特権とみなされることはないので、優先弁済的効力が付与されることはなく、他の特別先取特権に後れるという規定もない。商事留置権の効力は、消滅請求制度によって消滅しない限り、更生計画認可まで残存する（会社更生法204条1項）ことになる。

更生担保権として認められる額については、債権調査確定手続（会社更生法144条以下）において定められるが、目的物上に商事留置権と抵当権が併存する場合には、どちらを優先する担保権として更生担保権の額の範囲を決すればいいのであろうか。商事留置権は優先弁済的効力を有しない弱い担保権であるため疑問も残るが、民事再生の担保権消滅請求における配当順位と基本的に共通する問題と思われるから（4(3) b 参照）、同じ理由で、商事留置権はその成立時期にかかわらず、最先順位として更生担保権の額が認められるものと解される。

(3) 消滅請求

a 担保権消滅請求

会社更生においては、担保権は、個別的権利行使が禁止されるとともに、更生計画認可によって消滅する。しかし、更生計画認可の前にも、更生手続開始後において、担保権目的財産の譲渡をする必要があるときなど、更生会社の事業の更生のために必要があるときには、更生管財人は担保権消滅請求をすることができる（会社更生法104条以下）。この制度は、商事留置権は対象とされるが、民事留置権が対象外であることを含めて、基本的には、民事

再生における担保権消滅請求制度（4(3)参照）と共通である。ただし、納付された金銭は直ちに配当されず、更生計画認可があったときに更生管財人に交付される点（会社更生法109条）などが異なる。

　b　保全段階における商事留置権消滅請求

　会社更生では、保全段階（手続開始の申立て後、申立てに係る決定前）において、目的物が事業継続のために欠くことができないものであるときには、開始前会社（保全管理人が選任されている場合には保全管理人）による商事留置権消滅請求が認められている（会社更生法29条）。この制度は、民事再生には存在しないものであるが、その手続・特徴などは、破産の商事留置権消滅請求制度（3(3)b参照）と基本的に共通である。

6　商事留置権の取扱いが具体的に問題となる事例

(1) 手形上の商事留置権

　a　債務者が銀行に取立委任や割引依頼（割引前）で手形を預けた後に倒産したときには、銀行が当該手形につき貸金債権を被担保債権として商事留置権を主張し、かつ当該手形を取り立て、貸金債権の弁済に充当する場合がある。この事例では、①銀行が債務者に対して手形の返還を拒めるかどうか、②銀行が手形交換により当該手形を換金し、貸金債権に充当（相殺）できるかどうか（この処理を認める銀行取引約定書4条4項の効力）が争点となる。

　b　この事例で債務者につき破産が開始された場合の判例として、前掲最三小判平10.7.14がある。この判決は、①について、商事留置権は特別先取特権とみなされるが、当然には留置的効力を消滅させる明文の根拠がないこと、留置的効力を否定すると特別先取特権の実行が困難となるがそれは法が予定していないことを根拠として、銀行は手形返還を拒めるとした。また②について、適法な占有権原を有し、かつ特別先取特権に基づく優先弁済権を有する場合には、銀行が自ら取り立てて弁済に充当することができることを定めた銀行取引約定書4条4項には合理性があり、また他の特別先取特権のない限り、特段の不都合はないとして、手形交換金の貸金債権への充当を肯定した（なお、債権者が信用金庫の場合は、商人性が否定されるため商事留置権

は否定され、さらに銀行取引約定書4条4項と同趣旨の取引約定書は担保権を設定する趣旨の定めとは解されないから、貸金債権への充当（相殺）は否定される。最三小判昭63.10.18民集42巻8号575頁）。

　c　では、債務者につき民事再生が開始された場合にはどうなるのか。①については、商事留置権の留置的効力が開始後も存続するから、これは認められる。②については、商事留置権は優先弁済的効力をもたないから、破産の場合のように優先弁済的効力があることを根拠としては、これを肯定することはできない。

　この問題については、手形交換により手形金を受領することができるのかという点と、弁済充当して優先弁済を受けられるのかという点に分けて検討する必要がある。前者については、手形交換は民法298条2項の留置物の使用に当たり許されないとする消極説があるものの、留置権者は、目的物に対して保存行為をなす権限を有し、また善管注意義務を負っている（民法298条1項・2項）ことからすれば、手形交換をして手形金を受領する限りにおいて取引約定書4条4項は合理性があるから、これに基づいて手形を交換呈示し、手形金を受領することができるものと解される（田原睦夫「手形の商事留置権と破産宣告」金法1221号24頁）。後者については、銀行取引約定書4条4項は担保権を設定する趣旨の定めとは解されないし、商事留置権は優先弁済的効力を有しないから、当然には充当できず、また、貸金債権と手形金返還債務との相殺は、民事再生法93条1項1号により許されないと考えられている（前掲須藤英章編著『民事再生の実務』296頁〔須藤英章〕）。手形交換により手形金を受領することは、留置権者が形式競売権（民事執行法195条）を行使して、担保目的物を換金した場合（4(2)b参照）と基本的に類似する関係となる。そして、その場合と同じように、相殺（優先弁済）を否定する結論に対しては、結果的に商事留置権者に優先弁済が認められる破産・会社更生や、民事再生の担保権消滅請求などの場合と比較して均衡を失するし、また、この結論に不満である商事留置権者が手形交換をしないで手形を所持し続ければ、債務者など利害関係を有するすべての者にとって不利益な結果となってしまうとの批判はあり得ると思われる。

d 債務者につき会社更生が開始された場合にはどうなるのか。①については、民事再生の場合と同じである。②については、会社更生においては担保権の個別的な権利行使は禁止されているが、商事留置権の留置的効力は維持されるから、民事再生の場合と同じく手形を交換呈示し、手形金を受領できるものと解される。しかし、直ちに弁済充当（相殺）はできず、更生担保権として会社更生法の規律に従うことになる。その結果、会社更生手続開始時に商事留置権者が有していた手形の時価（基本的には受領した手形金額）が更生担保権額として認められ、更生計画においてその額の弁済が認められる例が多いものと思われる。

（2）不動産に対する商事留置権

a 建設会社が建物を建築し、その引渡し前に、発注者が倒産し、建設会社が建築代金債権を被担保債権として商事留置権を主張する場合がある。この事例では、①建築代金債権を被担保債権として、建物および敷地につき商事留置権が成立するのか、②敷地につき商事留置権が成立するとした場合において、同土地上に抵当権が存するときに、商事留置権と抵当権のどちらが優先するのかが争点となる。民事留置権はその被担保債権について牽連性が要求され、通常共益債権的な性質のものに限定されているが、商事留置権は被担保債権に牽連性が要求されておらず、広範囲であるから、商事留置権が認められ、抵当権に優先するとすればその影響は大きいものとなる。

b この事例で発注者につき破産が開始された場合にはどうなるのか。不動産には商事留置権が成立しないとの見解もあるが、法文上の根拠はないから、建設会社には建物につき商事留置権（および民事留置権）が成立するものと解される。しかし、敷地について商事留置権の成立を認め、かつ抵当権の実行において民事執行法59条4項によって商事留置権がその成立時期にかかわらず常に抵当権に対抗できるとした場合には、敷地の抵当権者は、予期しない不利益（売却基準価額の低下や競売手続の無剰余取消し）を被り、担保取引の安全を著しく損なうことになる。その解決のため、裁判例は、大きく2つの傾向に分かれる。第1は、敷地につき商事留置権の成立を否定するものであり、例えば、東京高決平10.6.12（金法1540号61頁）、東京高決平10.12.

11（判時1666号141頁・金法1540号61頁）は、建設会社の土地の使用は、商事留置権を基礎づける独立の占有ではなく、また、建設会社が建物を原始取得したとしても土地の占有は注文者との間の商行為としての請負契約に基づくものともいえないとして、敷地について商事留置権の成立を否定する。第2は、商事留置権の成立を認めた上で、その効力に制限を加えるものであり、例えば、前掲東京高決平10.11.27は、敷地について商事留置権が成立することを認めつつ、その商事留置権は破産開始によって特別先取特権に転化して留置的効力を失い、また、担保権実行手続における抵当権との優劣は、商事留置権成立時と抵当権設定登記時の先後によって決するべきであるとする（なお、商事留置権と抵当権の優劣関係については、3(2) c 参照）。

　　c　発注者につき民事再生・会社更生の各手続が開始された場合にはどうなるのか。前述の通り、商事留置権の留置的効力は消滅しないし、他の特別先取特権に後れるとの規定もない。したがって、（敷地にも商事留置権が成立するとすれば）民事再生における抵当権者からの担保権実行や再生債務者からの担保権消滅請求、および会社更生における消滅請求や更生担保権の認否額のいずれの場合においても、商事留置権はその成立時期にかかわらず常に抵当権に優先すると解することになろうか（しかし、この結論に対しては、破産の場合との均衡を失するとともに、担保取引の安全に反するとの批判はあり得る。なお、平成15年の「担保・執行法の改正作業」においては、不動産について商事留置権の成立を否定することが検討されていたことは、注2の通りである）。

7　実務上の留意点

(1) 留置権の権利関係の複雑さ

　　a　留置権は、前述の通り、①優先弁済的効力がない、しかし、②留置的効力によって事実上の優先弁済が認められることに特徴がある。債務者が倒産手続に入ると、留置権の取扱いが各倒産手続で異なり、それぞれの局面で①と②のどちらの側面が重視されるかによって、留置権者が事実上の優先弁済を受けられるかどうかの結論が異なることになる。実務的にはそれぞれの結論の相違に留意しなければならない。

b　具体的には、民事留置権は破産では効力がなくなる（破産法66条3項）から、事実上の優先弁済も受けることはできないが、民事再生や会社更生では、別除権または更生担保権の基礎たる担保権とは認められないものの、留置権としての効力は維持されるため、債務者側がその目的物の返還を求める必要がある場合には、実務的には、被担保債権の事実上の優先弁済が検討されることになる。

　c　商事留置権の取扱いは、次の通りとなる。

　（ア）破産では、商事留置権者の権利実行（特別先取特権の実行）や破産管財人の商事留置権消滅請求（破産法192条）がなされた場合には、商事留置権者は優先弁済を受けられる（ただし、他の担保権者との優劣関係が問題となる（破産法66条2項））。

　（イ）民事再生では、他の担保権者の担保実行や債務者の担保権消滅請求（民事再生148条）がなされた場合には、最先順位で優先弁済を受けられるが、一方、商事留置権者自身が競売（民事執行法195条）をする場合には、相殺が禁止されて（民事再生法93条1項1号）優先弁済を受けられなくなるおそれがある。

　（ウ）会社更生では、債務者側（保全管理人または管財人）の商事留置権消滅請求（会社更生法29条）または担保権消滅請求（会社更生法104条）、さらに、更生担保権の調査手続において、商事留置権は最先順位の担保権として保護されることになる。

（2）手形上の商事留置権

　銀行は、債務者からの取立委任手形や割引依頼手形（割引前）の手形を保有している場合が多いが、これらについては商人間の商行為によって占有を取得したとして、貸付債権を被担保債権として商事留置権が成立する（ただし、信用金庫など商人に当たらない場合には、商事留置権は成立しない）。この場合の取扱いについては、6(1)で検討したが、債務者の倒産手続によって、優先弁済を認められる場合（破産・会社更生）と、手形交換金との相殺が禁止され（民事再生法93条1項1号）優先弁済を認めないとされるおそれがある場合（民事再生）に分かれる。実務上留意するべき点である。

(3) 不動産に対する商事留置権

　不動産会社の倒産の場合には、建設会社が請負代金の担保として建築建物やその敷地について商事留置権を主張するため、実務上、その取扱いが問題となる。これについては、6(2)で検討したが、債務者が破産した場合には、商事留置権は他の特別先取特権（さらに、抵当権）に劣後する（破産法66条2項。ただし、前述の通り、この優劣に関して、商事留置権の成立時期と抵当権等の登記時期の先後によって決するとの見解がある）が、民事再生や会社更生においては、商事留置権の留置的効力により最先順位として保護されると解される余地があるから、商事留置権が敷地についても成立すると解すれば、抵当権者は不測の損害を被るおそれを否定できないことになる。敷地に抵当権を設定した銀行などでは、融資取引の基本に関わる問題であり、実務上留意するべき点である。

(注1) その他の商事留置権には、代理商（商法31条・会社法20条）・問屋（商法557条）・運送取扱人（商法562条）・運送人（商法589条）の留置権などがある。
(注2) 留置権については、優先弁済的効力がないにもかかわらず、事実上優先弁済を受けられることにつき批判が多く、平成15年の「担保・執行法制の改正作業」においては、優先弁済的効力を認めること、不動産につき商事留置権は成立しないとすることが検討されていたが、いずれも改正においては採用されなかった。
(注3) この競売について、担保権実行と同様に、配当手続を実施し、留置権者も一般債権者と同順位で配当を受けるべきとの見解として、園尾隆司「留置権による競売および形式的競売の売却手続」（金法1221号6頁）がある。
(注4) 平成16年の「破産法改正作業」においては、民事留置権と商事留置権の取扱いの均衡を図るべきとの考え方が検討されたが、改正においては採用されなかった。
(注5) ただし、同最高裁判決の理解として、特別先取特権の実行のための占有を肯定するものに過ぎないとの見解や、手形の場合に限定した判示であり、商事留置権一般のものではないとの見解がある（法曹会編「最高裁判例解説民事篇

平成10年下」681頁〔田中昌利〕）。また、平成16年の「破産法改正作業」の立法担当者は、商事留置権消滅請求制度は商事留置権の留置的効力の存続を正面から肯定したものではないと説明している（小川秀樹編著『一問一答新しい破産法』271頁）。

（注6）留置的効力が存続するとの立場を採用したとしても、商事留置権は特別先取特権に転化していると解されるので、留置権としての形式競売権（民事執行法195条）は認めるべきではない。

（注7）平成16年の「破産法改正作業」においては、民事留置権と商事留置権の取扱いの均衡を図るべきとの考え方（前掲注4）とともに、民事留置権に保護を与えないのであれば、民事再生・会社更生においても破産と同様に効力が消滅することとする考え方が検討されていたが、いずれも改正においては採用されなかった。

（注8）立法論としては、前掲注2参照。

（こばやし　のぶあき）

9 担保権消滅請求
(1) 民事再生、会社更生

弁護士　馬杉栄一

1　はじめに

　昭和54年の民事執行法の制定以後の担保権に関する判例・学説・実務そして立法（注1）は担保権の効力をより一層強化しようとするものであった。

　一方近年の倒産法改正作業のなかでは、再建型倒産手続においては事業の継続のために、清算型倒産手続においては一般債権者と担保権者との利益の調和および清算手続の円滑な進行のために、担保権の効力あるいはその実行方法につき制約を加えることが議論されてきた（注2）。その議論を踏まえて最初に制度化されたものが、民事再生法における担保権消滅請求制度である。再生債務者の事業の継続に欠くことのできない担保目的物をその価額に相当する金銭を支払って担保権を消滅させる制度であるが、再生債務者と担保権者との利害の調和を図るために、裁判所の担保権消滅許可と価額決定手続を導入した（注3）。この方式を活用して、現行会社更生法でも担保権消滅請求制度が導入された。この2つの担保権消滅請求制度は、制度の目的はもちろん異なる部分があるが、近似した手続の仕組みを有し、また再建型の法的倒産処理の場面での担保権の効力に関わるものという意味で共通していることから、本稿で同時に取り上げ論ずるものである。

2　民事再生法における担保権消滅請求制度

(1) 民事再生法における担保権消滅請求制度の位置付け

　民事再生手続においては、特別の先取特権、質権、抵当権または商法もしくは会社法の規定による留置権については別除権として、再生手続によらないで行使することができる（民事再生法53条）。しかし、この原則を貫徹する

と、再生債務者の事業の継続に欠くことのできない財産について担保権が実行されることとなり、事業の継続が不可能となってしまう。もちろん再生債務者と担保権者との間で任意の話合いをして別除権協定を締結し、事業を継続しながら被担保債権を分割して支払う方法もあるが、担保権者との協議が整わない場合でも裁判所の許可を得て、担保権者に対して担保目的物相当価額を支払ってすべての担保権を消滅させてしまう制度が民事再生法で設けられた。これを担保権消滅請求制度という。

（2）担保権消滅請求制度の立法経緯

担保権消滅請求制度は、倒産法改正の議論のなかで、大阪弁護士会が提出した意見書でまとまった形で問題提起された（注4）（注5）。その後、担保法を研究する実体法学者も巻き込んで議論が展開され、民事再生法に導入された。立法前の議論をみると、債務者の再建可能性を高めるために一定程度担保権者の利益（担保権の不可分性、担保権者の換価時期選択権など）を修正し、「担保目的物の清算価値の限度でのみ担保権を認め、余剰部分は一般債権として他の債権者と同等に扱う」（注6）必要があるとの認識のもとに、本制度が検討されている。

（3）担保権消滅請求制度の概要

ア　担保権消滅許可の手続

　　a　対象となる財産（民事再生法148条1項）

消滅請求の対象となる財産は、㋑再生債務者の財産であって、かつ㋺その事業の継続に欠くことのできないものである。㋺のように限定したのは、再生手続においては担保権は別除権として自由に行使できることを原則としており、この権利を制約する場面を㋺の場合に限定するのが相当であるとの考え方に基づくものである（注7）。

　　b　担保権消滅の許可（民事再生法148条1項）

aで述べた通り、消滅請求の対象財産は事業の継続に欠くことのできないものに限られる。この要件を充足するか否かにつき、消滅請求権を行使する前提として裁判所の許可を得るなかで判断される。

　　c　対象となる担保権（民事再生法148条1項）

消滅請求の対象となる担保権は、民事再生法53条1項に規定する別除権となる担保権に該当するものとされている。したがって、民事留置権その他の別除権に該当しない担保権は消滅請求の対象とはならない。非典型担保権が対象となるか否かについては後述する。

　d　許可申立書の記載事項および審理（民事再生法148条2項〜5項）

裁判所に許可を申し立てるにあたっては、許可を求める財産および消滅すべき担保権を具体的に特定し表示する。また財産の価額を記載する。財産の価額とは、再生債務者が担保権を消滅させるに相当と評価した価額（申出額）である。

許可のための審理は、申立てのあった財産が再生債務者の事業の継続に不可欠なものであるか否かが中心である。なお、この審理にあたって民事再生法上は担保権者の関与が保障されていないが、実務上は裁判所から担保権者に許可申立書の副本を送達し意見を聴取しているのが通例である（注8）。

担保権消滅の許可の決定に対し、担保権者は即時抗告をすることができる。即時抗告において担保権者は、当該財産が「再生債務者の事業の継続に欠くことのできない」財産に当たるか否かを主として争うことになり、価額について異議ある場合には別途価額決定の請求をする。なお、担保権消滅請求が権利の濫用である場合は、この即時抗告手続で争うことになり、その例もある（後述）。

　イ　価額決定の請求

再生債務者の申出額について担保権者に異議がある場合には、担保権者は、担保権消滅の許可申立書の送達を受けた日から1カ月以内に裁判所に価額決定の請求をすることができる（民事再生法149条1項）（注9）。担保権者は価額に異議があっても、担保権消滅請求の要件が具備されている限り、競売の申立てで争うことができないので、裁判所において当該財産の適正な価額を定めることとし、これにより担保権者の把握している担保価値の確保を制度的に保障し、再生目的との調和を図ったものである。

そこで問題となるのは、ここで定められる適正な価額とは何かである。価額決定の請求があったときは、評価人が選任されて財産の評価が行われ、裁判所は評価人の評価に基づいて財産の価額を定めることになっている（民事

再生法150条1項、2項)。その基準につき民事再生規則79条1項は「財産を処分するものとしてしなければならない」と定めている。担保権消滅請求制度は、再生目的のために担保権の自由な行使を制限するが、その代わりに担保権者の有している担保価値を価額決定手続で保障するものであるので、「価額決定の請求のあった担保権の目的である財産の評価をする場合には、実際の換価(担保権の実行)をした場合において実現される処分価額となるべきである(注10)」と考えられることから、上記の規則が定められたものである。なお、処分価額の概念については後述する。

価額決定の請求についての決定に対しては即時抗告をすることができる。価額決定は、価額決定をしなかった担保権者に対しても効力を有すること(民事再生法150条4項)から、即時抗告の申立権者には、価額決定の請求をしなかった担保権者も含む(同条5項)。したがって、価額決定の送達も、消滅の対象となるすべての担保権者に対してなされる必要がある(同条6項)。

ウ 価額に相当する金銭の納付、担保権の消滅、配当

再生債務者は、価額決定の請求があったときは裁判所の決定により定まった価額に相当する金銭を、その請求がなかったときは申出額に相当する金銭を、裁判所が定める期間内に納付することになる。この金銭納付があった時に担保権は消滅し(民事再生法152条1項、2項)、裁判所書記官は消滅した担保権に関する登記または登録の抹消を嘱託する(同条3項)。不納付の場合は担保権消滅許可は取り消される(同条4項)。納付された金銭は裁判所により担保権者に対し配当等がなされる(同法153条)。

(4) 担保権消滅請求をめぐる諸問題

ア 非典型担保権は消滅請求の対象となるか

譲渡担保、所有権留保、ファイナンス・リースなどの非典型担保権が担保権消滅請求の対象となるかとの問題があり、肯定説が多数と思われる(注11)。

しかし、肯定したとしても、いくつか検討しておくべき論点がある。ひとつは、例えば譲渡担保について、本来の譲渡なのか譲渡担保なのかに関して争いがある場合に本手続に乗りにくいという点、また不動産の譲渡担保や所有権留保担保について担保権消滅請求が認められ、価額相当代金が裁判所に

納付された後、所有権移転登記の抹消登記あるいは移転登記の嘱託登記ができるか否かという点、さらに配当手続はどうなるかという点、オーバーローンの譲渡担保や所有権留保担保は清算金が生じないので、担保権の実行手続としては清算金がない旨の通知をするだけでよく、消滅請求をする以前に確定的に所有権が担保権者に帰属してしまうケースが多いと考えられることから、この手続を利用する余地が実際上ほとんどないのではないかと考えられる点などである。

　裁判例上現れたものとしては大阪地裁の決定や東京地裁の判決がある（大阪地決平13．7．19金法1636号58頁，東京地判平15. 12. 22金法1705号50頁）。大阪地裁の決定は、リース会社はユーザーが取得した利用権につき担保権を有するとの見解に立った上で、その利用権はリース契約が解除されたことにより消滅したとして、担保権消滅許可の申立てを棄却している。同決定は、ファイナンス・リースについて本制度の適用があるかについては直接言及していないが、これを肯定しているものと解される。また東京地裁の前記判決は、ファイナンス・リース契約について、リース会社はリース利用権に担保権を有すると判示する一方、リース契約に基づく担保権の行使が担保権消滅請求の制度により制限されることがあり得ることを付言し、ファイナンス・リースが担保権消滅請求の対象となることを肯定している。再生実務を円滑に進める意味からいっても、ファイナンス・リースが担保権消滅請求の対象となることを否定すべきではないと考えるが、担保物をユーザーの取得したリース物件の利用権と考えると、その担保価額をどう評価するかその基準が問題となる（注12）（注13）。

イ　目的財産

　a　営業譲渡対象財産が担保権消滅の対象となる「事業継続にとって不可欠な財産」といえるかが、施行時において論議されていた。これについては、民事再生法の目的そのものが当該「企業」の再生ではなく「事業」の再生であり、営業譲渡についても「譲渡が事業の継続のために必要である場合」に許可されるとの定めが民事再生法43条に存することからみて、営業譲渡資産上の担保権を本制度を使って消滅させることは当然認められると解され、異

論は見当たらない（注14）。

次に、事業資金捻出のために売却する資産が含まれるか否かの問題がある。立法時の議論も含め否定説が強い（注15）。しかし、名古屋高決平16．8．10（判時1884号49頁）は、不動産の売却であっても、それが再生債務者の事業の継続にとって必要不可欠でありかつ最も有効な最後の手段であると考えられるときには、担保権の消滅についての申立てが許可されるべきであるとして、目的財産の範囲を大幅に拡大した。ただし、本裁判例をどこまで一般化すべきものかは議論があると思われる。

b　共同担保に供されている不動産があり、これらの不動産が一体として担保価値を有している場合に、その一部のみについて担保権消滅請求の対象とし得るかとの問題がある。このような場合、「少なくとも担保権者が一括処理を希望する場合には、一括消滅の決定をなすことができると解すべきである」との説があるが（福永前掲注11・61頁）、請求内容を超えた決定を出すことは、手続的に困難と考えられる（注16）。

この問題は以下の通り考えるべきと思われる。すなわち数個の不動産の全体を目的とする共同抵当権が設定されている場合で、不動産競売申立てをすれば、一括売却が認められる事例において、上記抵当不動産の一部のみを対象とした担保権消滅請求をし、そのため抵当権者が数個の不動産の全体について一体として把握している担保価値が分断され、その分断された担保価値を合算しても一体として把握された担保価値には及ばず、抵当権者を害する場合においては、再生債務者と担保権者との衡平を図るとの担保権消滅請求制度の趣旨に反する結果をもたらすことから、その一部のみの担保権消滅請求は、権利の濫用として排斥されるべきである（注17）。

ウ　後順位用益権の扱い

担保権消滅請求対象財産上の用益権のうち、消滅する担保権に後れる用益権が本手続上消滅するのか否か、また評価の際に消滅するものとして評価するのか、存続するものとして評価するのか、という議論がある。条文上は消滅するものは担保権のみとされており（民事再生法148条1項）、そう解するべきとの説が立法者の考え方であり、また通説である（注18）。一方、この

場合当該財産の評価は、用益権のないものとして行われるべきである（そうでなければ担保権者の保護に欠けることとなる）。

したがって、用益権があっても事業の継続上必要である財産を、用益権のないものとしての評価額を支払って担保権を消滅させる必要性があるきわめてまれな場合についてのみ、本手続を利用することになる（そもそも用益権があるような物件が事業の継続上必要となる場合はほとんどあり得ないと考えられるので、この解釈で実務上問題が生ずることはないと思われる）。

エ　価額決定の基準

担保権消滅のための価額決定の基準は先に述べた通り処分価額とされているが、この場合の処分価額の概念あるいは想定される市場がどのようなものであるかについては議論がある。福永有利教授は「通常の取引価格」（注19）、山本和彦教授は「競売によって実現する価額」（注20）と表現されている。また社団法人日本不動産鑑定協会の論文「民事再生法に係る不動産の鑑定評価上の留意事項について」（判タ1043号82頁）では「早期の処分可能性を考慮した市場を前提とする適正な処分価格」としている。なお、平成12年4月1日から平成16年3月31日までの間に東京地裁で評価命令の出された12件では、すべて上記鑑定協会の論文に従った評価が行われているとのことである（注21）。この議論は担保権消滅請求制度において担保権者に保障されるべき担保価値をどのように捉えるかに係る重要なものであるが、不動産については、競売市場が改善されてきた今日においては（注22）実際には大きな差にはならないと考えられ、鑑定手法が比較的安定している「早期売却市場において成立する処分価格」を基準とすべきであり（注23）、商品、機械設備、リースについてもこれに準じて考えるべきである。もっとも商品、機械設備、リースについては不動産競売市場のような「安定的な市場」が存しないことが多く、この場合「捨値の処分価格」をもって担保価値とするのは妥当性を欠く。このように「安定的市場」が存しない対象担保物の評価は、継続企業価値を考慮すべきである（注24）。

(5) 担保権消滅請求制度の運用状況

東京地裁における平成12年4月1日から平成17年9月30日までの通常民事

再生申立件数は1623件で、うち担保権消滅請求申立件数は42件である（注25）。これからみると、担保権消滅請求の申立件数はかなり少ないとの印象を受ける。しかし、この件数の少なさが直ちに担保権消滅請求制度が機能していないことを示すものではない。民事再生法は担保権の行使を原則として制約しない。他方、ほとんどの場合、事業を再生するためには担保権者と別除権協定や任意の受戻し等何らかの方法で折合いをつける必要がある。この任意の交渉過程において、担保権消滅請求制度の存在が積極的な影響を与えているものと考えられる。その意味において、現実に本制度が利用された件数が少ないとしても、制度そのものの意義は大きいとみるべきである。また現在、東京地裁、大阪地裁においては再生事件中営業譲渡や減増資型のいわゆるスポンサー型事件が約20％を占めており、さらに増加傾向にあることからみると、このような場合には再生債務者が資金を用意しやすいことから、今後本制度がより利用されていくものと考えられる。

　担保権消滅請求制度について当初これが担保権者の権利を弱め（担保権者の期待リターンが減少する）、その結果担保権者が貸付段階でそのことを計算に入れ、貸出金利の上昇や貸出の抑制や減少が起こる、あるいは低額な価額で担保権消滅がなされ、その結果本来競売等を通じてより効率的な利用者に移転すべき担保物が、非効率な企業のもとで非効率なまま事業継続されるおそれがある、などの批判があった（注26）。しかし施行後の状況をみると、この制度ができたがゆえの貸出金利の上昇や、貸し渋りが生じてきたとは思えないし、また制度の濫用状況もなく（あったとしても裁判所の許可の段階で適切に対応されている。前掲注17）、価額決定手続も少なくとも不動産については安定的であると評価できる。したがって本制度は、「担保権と民事再生手続の調和を図るための一つの有用な制度として定着してきたものといえる」（注27）。

3　会社更生法における担保権消滅請求制度

（1）会社更生法改正における担保権消滅請求制度の新設

　倒産処理の技法として営業譲渡が有用であること、またそれは迅速に行う

必要があることは明らかである。しかし、旧会社更生法では更生計画認可前に更生計画によらないで営業譲渡を行うことを許容する明文規定がないことから、その手続が明らかでないという問題があった。そこで今回の改正で、原則として更生計画によるとしながら、裁判所の許可があれば、更生計画の認可前でも営業譲渡ができることを正面から規定した（会社更生法46条2項）。このように現行会社更生法では計画認可前の営業譲渡が可能であることを明確にする規定を設けたが、この規定だけを整備しても、スピーディな営業譲渡は望めない。すなわち営業譲渡の目的財産上には担保権が設定されていることが多く、これをそのままにしておいては営業譲渡が困難となるという問題がある。一方、更生担保権は更生計画の定めによらない弁済が禁止されているので、早期の弁済により担保権を消滅させることができないことから、旧法下ではこの場合担保権者と協議し、担保権者との合意を得た上で裁判所の許可を得て担保の変換（旧会社更生法54条9号）をすることで対応していた。しかし担保権者との合意の取付けができなかったり、あるいは協議に時間がかかり過ぎて事業が劣化したりすることにより、営業譲渡に支障が生ずるケースが多く見受けられた。

　そこで現行会社更生法では、このような場合に対応し、迅速な営業譲渡を可能にするために、更生担保権者の利益を保護しつつ、担保権を更生計画外で更生担保権者の同意なしに消滅させることができる新たな手続として、民事再生法における担保権消滅請求制度と基本的に類似した手続の仕組みを導入し、裁判所の許可を得て担保物件の価額に相当する金銭を管財人が裁判所に納付することにより、担保権を消滅させることができる担保権消滅請求制度を新設したものである（会社更生法104条以下）（注28）。

　ただし、会社更生法では更生手続開始決定がなされると、更生担保権者はその権利を実行することは原則としてできず（会社更生法50条1項）、更生手続によらなければ弁済を受けることができない（同法47条1項）ことから、担保権消滅のために裁判所に納付された代金は、民事再生法と異なり担保権者に直ちには配当されない。

　また、この制度は上記の更生計画によらない早期の営業譲渡の場合のみに

限らず、更生手続開始後に更生会社が担保目的物を早期に使用、処分することが必要な場合、例えば担保権の対象となっている商品や原材料を使用、処分したい場合や、担保余剰のある遊休資産を売却して運転資金の捻出をしたり、固定資産税等の管理コストを減少させる場合にも活用することが予定されている。

なお、本制度も民事再生法の担保権消滅請求と同様に、実務家からまず提案されている（「担保権変換請求」制度の提唱（注29））。その後種々の検討ののち最終的には、民事再生法上の担保権消滅請求手続の仕組みを導入し、その代金については配当を延期するという制度としてとりまとめられたものである（注30）。

（２）担保権消滅請求制度の概要

ア　対象となる財産および担保権

消滅請求の対象となる財産は、①更生会社の財産であって、②その事業の更生のために担保権を消滅させることが必要であるものである（会社更生法104条１項）。民事再生法と異なって担保目的物それ自体の不可欠性までは要求されていない。したがって民事再生法の場合より要件が緩くなっており、使用、収益することが必要である場合のみならず、これを処分することが必要な場合には、営業譲渡対象資産に限らず、担保余剰を取得するためあるいは管理コストを減少させるために売却対象となる遊休資産も、消滅請求対象財産となる。このように民事再生法より要件を緩和したのは、民事再生法においては、別除権の行使を制限する担保権消滅請求の制度はきわめて例外的と考えられているのに対し、会社更生法においては、担保権者の権利行使は一律に制限されていることから、広くこの制度を利用しても問題はないと考えられたからである。

なお、この制度により消滅請求の対象となる担保権は、更生手続開始当時の更生会社の財産について存する特別の先取特権、質権、抵当権、または商法もしくは会社法の規定による留置権（会社更生法104条１項）である。

また非典型担保権が含まれるか否かについては、民事再生法の場合と同様に積極・消極の両説があるが、通説・判例は、非典型担保権も更生担保権と

解しており、運用上特に支障のない限り、非典型担保権も本制度の対象となると解すべきである（注31）。

イ　担保権消滅の許可の申立ておよび審理

アの要件を充足する担保権消滅を行うためには、管財人は裁判所の許可を得なければならない。申立権者は、管財人に限られ保全管理人は含まれない。許可のための審理は、申立てのあった財産の担保権を消滅させることが、更生会社の事業の更生のために必要であるか否かが中心である。申立書に記載された財産の価額が適正な価額であるか否かにつき争いがある場合は、担保権者が別の手続である後述の価額決定の請求をすることにより解決される。この手続構造は民事再生法と同様である。

更生計画案を決議に付する旨の決定があった後は、担保権消滅許可の決定をすることができない（会社更生法104条2項）。更生計画によれば更生会社の財産上の担保権を消滅させ、あるいは他の担保に変換することも可能である（同法205条1項）ため、この制度を利用する必要性があるのは、更生計画認可前に限られることによるものである。

裁判所は、管財人の申立てが必要性の要件を充たしていると認めるときは、許可決定をし、その決定書を申立書とともに被申立担保権者に送達する。被申立担保権者は同決定に対して即時抗告をすることができる（会社更生法104条5項）が、価額の相当性は価額決定請求手続の中で決せられるのであり、ここでの抗告理由は、手続上の問題を除けば主として必要性に限られる。この手続構造も民事再生法と同様である。

ウ　価額決定の請求

担保権者が管財人の申出額について異議がある場合は、申立書の送達後1カ月以内に、民事再生法と同様、担保権の目的である財産について価額決定の請求ができる（会社更生法105条1項）。価額決定手続における評価の基準は会社更生規則27条で民事再生規則79条1項が準用されており、これによれば処分価額とされているため、民事再生法と同じと考えられる（注32）。また同請求があると、裁判所は評価人を選任して財産の評価を命じ、その評価に基づき財産の価額を決定する（会社更生法106条1項、2項）が、この点も

民事再生法と同じである。

　なお財産の価額評価は、価額決定の時を基準時として行わなければならない（会社更生法106条2項）。民事再生法上の担保権消滅の制度においては、裁判所が価額決定をする場合における価額評価の基準時を明示していないが、更生手続においては、更生手続開始の時を基準時とした担保目的財産の価額評価が予定されている（会社更生法2条10項本文）ことから、価額決定の手続における価額評価の基準時についても、更生手続開始の時であるとの誤解を避ける趣旨で、基準時を明示することとしたものである（注33）。

　したがって担保権消滅手続における財産の価額は、財産評定価額たる「時価」よりも高くなることもあれば低くなることもある。

　価額決定の請求についての決定に対しては、管財人および被申立担保権者（価額決定の請求をしなかった被申立担保権者も含む）は即時抗告することができる（会社更生法106条5項）。

エ　価額に相当する金銭の納付および担保権の消滅

　担保権の目的である財産の価額は、価額決定が確定したときは当該決定により定められた価額に、それ以外の場合には管財人の申出額に、それぞれ定まり、管財人は、その価額に相当する金銭を、裁判所の定める期限までに裁判所に納付しなければならない（会社更生法108条1項）。被申立担保権者の有する担保権は、この金銭の納付があった時に消滅する（同条3項）。担保権の消滅に伴い、裁判所書記官は、消滅した担保権の登記または登録の抹消を嘱託する（同条4項）。管財人が裁判所の定めた期限内に金銭の納付をしなかった場合には、裁判所は担保権消滅許可の決定を取り消す（同条5項）。以上は民事再生法上の担保権消滅請求の制度と同様の手続である。

　なお、会社更生法上の担保権消滅の制度においては、納付すべき金額が更生計画の認可に至らず更生手続が終了した場合に担保権者に対して配当することが見込まれる金額（配当等見込額）を超える場合には、管財人はその超える額につき裁判所の決定を得て、本来納付すべき金額から、当該決定において定められた額を控除した額を裁判所に納付すれば足りるとして、いわゆる差引納付をすることを認めている。すべての被申立担保権者が管財人に交

付することに同意している当該同意のある金額の差引納付についても同じ取扱いである（会社更生法112条2項）。

オ　納付された金銭の取扱い

　a　①　民事再生法上の担保権消滅の制度においては、担保権は別除権として、再生手続外で自由に行使できることから、金銭の納付があった場合、直ちに配当等の手続により担保権者に支払われることになるが、更生手続においては、更生計画の定めによらない更生担保権等の弁済は禁止されているので、担保権消滅のために納付された金銭は、当該担保権者に対し直ちに配当等を実施することはせず、次に述べる更生計画認可決定までは、裁判所に留保される。ただし、例外的に更生計画認可の決定前に更生手続が取り消し、廃止される等更生手続が終了した場合に限って、裁判所は納付された金銭の配当等をする（会社更生法110条）。

　b　更生計画認可決定があった場合には、裁判所は管財人に対して、納付された金銭に相当する額の金銭を交付する（会社更生法109条）。管財人はその金銭についての取扱いを更生計画において必ず定めておくこととなっており（同法167条1項6号）、これによって定められた使途に基づいて交付を受けた金銭を処理することとなる。

　更生計画に定められるべき使途には、様々なものがあり得るが、更生担保権者間の平等取扱いを定める会社更生法168条1項に違反しないものでなければならない。したがって、更生担保権を被担保債権として担保権を存続させ、更生担保権を分割弁済する典型的な更生計画を前提とすれば、交付を受けた金銭を原資とする早期弁済を行うか、早期弁済は行わずに他の更生担保権者と同じ分割弁済をするのであれば、他の更生担保権者が有する担保権に相当する代担保の供与をすることが必要になると考えられるが、これには反対説がある（注34）。

　c　更生計画認可決定の前であっても、裁判所は、管財人の申立てにより、裁判所に納付した金額のうち、更生計画の認可に至らず更生手続が終了した場合に担保権者に対して配当等をすべきこととなる可能性のある金額（「配当等見込額」）を超える部分に相当する額（「剰余金額」）を管財人に交付する

旨の決定をすることができる（会社更生法111条1項1号）。裁判所に納付される金銭は、実質的には、更生計画認可前に更生手続が終了し牽連破産手続に移行した場合に、被申立担保権者に不利益を被らせないための担保としての役割を果たすものであり、そのためには裁判所には、更生計画認可前に更生手続が終了した際に被申立担保権者に配当する可能性のある金額を残しておけば十分であると考えられるからである。また、裁判所は、すべての被申立担保権者の同意がある場合にも、納付された金銭に相当する金額のうち同意のあった額を管財人に交付する旨の決定をすることができる（会社更生法111条1項2号）。

4　実務上の留意点

　担保権をいかに処遇するかは、事業再生手続においてきわめて重要なポイントである。民事再生法、現行会社更生法で担保権消滅請求制度が設けられたことは、事業再生について画期的な武器が与えられたと評価できる。
　まず民事再生法上の担保権消滅請求について、本制度を利用するにあたっての再生債務者および担保権者各々の立場からの実務上の留意点について述べる。
　再生債務者は、本制度を利用して、担保権の対象となっている事業継続に不可欠な財産につき、その価額を支払って、担保権すべてを消滅させることができるが、価額については一括納付をしなければならず、分割納付は認められていないから、資金手当が一般には困難であることが多い。そのため営業譲渡先を見つけて、その営業譲渡代金で支払うこととしたり、スポンサーや金融機関から新たな融資を受けるなどの準備が必要となる。また担保権者が担保権消滅請求の許可決定に対して即時抗告で争う可能性が大きい場合には、抗告審の審理に時間をとられ、スピーディな再生に支障が生ずる恐れがある。そこで多くの場合にはストレートに担保権消滅請求を申し立てることはせず、まず再生債務者と担保権者との間で担保権の処理についての交渉を先行させ（場合によっては、担保権実行手続の中止命令を活用しつつ）、そこにおいて別除権協定を成立させる努力をすることとなる。この交渉において、

担保権者の要求する弁済金額と再生債務者の想定する担保物の評価額との差が大きい場合には、いったん担保権消滅請求を行って価額決定を得た上で、再度担保権者との交渉を行うこともあり得る。

　一方、担保権者としては、債務者の再生申立てという事態を受けて担保目的物の評価を早急に見直し、再生債務者の再生方針を勘案しながら担保権の行使を含めた債権の回収方針を検討することになる。前述の通り、担保権消滅請求の申立てが再生債務者から直ちに行われる例は少なく、実際にはまず担保権者との交渉が行われる。担保権者は担保権を行使した場合の回収額を念頭に、再生債務者の提案を検討することになるが、再生債務者にスポンサーがついている場合などでは、スポンサーとの直接交渉も考えられる。また価額についてのみ争いがあり、その差が縮まらず、担保権者としてその適正、公正な価額を定めたい場合には、本制度の価額決定手続を活用することが考えられる。前述の通り、価額決定手続においては、評価人が選任され、裁判所は再生債務者、担保権者の意見を聴き、評価人の評価に基づいて財産価額を決定することとなっており、この一連の手続は結論において安定的といえるので、担保権者としては、これに従うあるいは価額決定に対する抗告審で和解することも考慮すべきである。これにより担保権者として、結果的に早期の適正な担保処分が実現できることもあり得る。ただし、価額決定請求手続の費用は、決定により定められた価額が申出額を超えない場合には価額決定の請求者の負担となるので（民事再生法151条1項本文）、担保権者としては、価額決定をする場合は、費用倒れにならないよう注意すべきである。

　以上の通り民事再生法上の担保権消滅請求制度は、実務的には、多くの場合再生債務者と担保権者の交渉・協議による合意の成立をバックアップする役割を果たすものと理解すべきと考える。

　なお、担保権消滅許可を争う場合で、再生債務者の申出額にも不服があるときは、担保権消滅許可決定に対する即時抗告申立てとは別に、価額決定の請求も行っておかなければ、価額決定請求の申立期間を徒過してしまうおそれがあるので、この点に注意を要する。

　会社更生法における担保権消滅請求は、更生計画認可前の営業譲渡をスム

ーズに行うため、あるいは担保に供されている商品・原材料を使用、処分するために利用されると考えられ、その要件も事業の更生のために必要であればよいとされているので、許可要件についての争いはあまり生ぜず、問題があるとすればほとんど価額についてのものと思われることから、管財人としては担保権消滅のための適正な価額の資料を整えておき、担保権者から争われたときに備えることがポイントとなると思われる。一方、担保権者としては、この価額の問題、および担保権消滅請求が認められ、裁判所に納付された金銭に相当する額の交付を更生計画認可決定後管財人が受けた後の、その金銭の取扱いに関する更生計画の内容が重要な関心対象となる。

(注1) 最判として最二小判平元.10.27（民集43巻9号1070頁・金法1247号24頁。抵当権に基づく賃料の物上代位を認めたもの）、最大判平11.11.24（民集53巻8号1899頁・金法1568号26頁。抵当権者が抵当不動産の所有者に代位して不法占有者に対し妨害排除請求することを認めたもの）、最一小判平17．3．10（金法1742号30頁。抵当権に基づく妨害排除請求を直接認めたもの）、また立法として平成8年、平成10年の不動産競売手続に関する民事執行法の改正、平成15年の民事執行法の改正による担保不動産収益執行制度の創設、民法改正による短期賃借権保護制度の廃止、滌除制度の改善等々、きわめて多く存する。
(注2) 当時の問題状況をまとめたものとして、山本和彦「新再建型手続における担保権の処遇と国際倒産」ＮＢＬ665号29頁、鎌田薫「倒産法における物的担保権の処遇－民法学の立場から－」民事訴訟雑誌46号186頁、伊藤進「担保権消滅請求制度の担保理論上の問題」ジュリ1166号96頁など。
(注3) 民事再生法の立法過程においてその濫用防止等につき提言した論稿として高木新二郎「債務調整手続（仮称）における担保権消滅請求の濫用防止策」銀行法務21・563号35頁。
(注4) 伊藤眞編集代表『民事再生法逐条研究』（ジュリ増刊）126頁。
(注5) 木内道祥「新再建型手続における担保権の取扱」判タ991号12頁。
(注6) 山本・前掲注2・34頁。
(注7) 花村良一『民事再生法要説』403頁。
(注8) 東京地裁では、担保消滅請求の申立てがされると速やかに担保権者の審尋期日が指定される（重政伊利「担保権消滅請求」門口正人ほか編『新・裁判

実務体系21会社更生法・民事再生法』454頁）。
(注9) ただし許可決定前の、担保権者の審尋の際に申立書の送達がされた場合には、この期間を許可決定の裁判書の送達を受けた日から1カ月以内と解釈すべきである。（重政・前掲注8・455頁）。
(注10) 最高裁判所事務総局民事局監修『条解民事再生規則（新版）』169頁。
(注11) 福永有利「担保権消滅請求制度」金商1086号60頁。
(注12) 田原睦夫「ファイナンス・リース契約の民事再生手続上の取扱い」金法1641号4頁は、ファイナンス・リースの目的物を担保権消滅請求の対象と解することにつき、理論上の問題が多々あるとして消極の結論である。
(注13) 山本和彦「倒産手続におけるリース契約の処遇」金法1680号8頁は、リース契約を担保権消滅請求制度の対象とし、その担保目的がリース物件の利用権であることを前提として価額決定における評価基準について論じている。
(注14) 伊藤編集代表・前掲注4・142頁。
(注15) 伊藤編集代表・前掲注4・143頁［深山発言］。
(注16) 価額決定手続の中で、不動産が一括処理されないことによる担保価値の毀損の程度を判断し、この部分を消滅請求対象財産の価額に上乗せできないかとの論もあるが、民事再生法150条の価額決定手続で定めるべきは、当該消滅請求の対象財産の価額であり、かつこの評価は「財産を処分するものとしてしなければならない」（民事再生規則79条1項）ことから、共同担保不動産を分割したことによって毀損される価額を評価する手続構造とはなっていないのでこの説も採り難い。
(注17) 札幌高決平16.9.28（金法1757号42頁）は、この理を明らかにしている。
(注18) 伊藤編集代表・前掲注4・137頁［深山発言］。
(注19) 福永・前掲注11・63頁
(注20) 山本和彦「倒産法改正と理論的課題」NBL751号27頁。
(注21) 三村義幸「担保権消滅請求」清水直編著『企業再建の真髄』487頁。
(注22) 度重なる民事執行法の改正や競売裁判所での実務の改善の努力の結果、今日では不動産競売市場はかなりの程度開かれたものとなり、また短期間で多くの物件が競落されており、落札価格および売却期間は一般市場に近づいている状況にある。したがって、いわゆる競売市場特有の競売減価率は従前ほどは考慮する必要がなくなっている。
(注23) 本手法についての詳細は、横須賀博「担保権消滅請求と物件の評価」門

口ほか編・前掲注8・462頁。

(注24) 山本和彦「担保権消滅請求制度について」田辺光政編集代表『最新倒産法・会社法をめぐる実務上の諸問題（今中利昭先生古稀記念）』453頁は、この問題を論じている。

(注25) 「新法下における破産・再生手続の実務上の諸問題」事業再生と債権管理111号12頁以下の図表3、図表6。

(注26) 法と経済学的視点からこの問題を論じたものとして、山崎福寿＝瀬下博之「担保権消滅請求制度の経済分析」ジュリ1216号107頁、田中亘「担保権消滅請求制度の経済分析（1）・（2）」NBL799号31頁・801号40頁。

(注27) 重政・前掲注8・453頁。

(注28) 旧法下での更生計画外の営業譲渡例として日本リースの事件が挙げられる。この事件を振り返って旧法下での問題点を指摘したものとして、宗田親彦『会社更生手続の新展開』247頁、248頁。

(注29) 田原睦夫「会社更生手続と担保権変換請求権－立法上の提言－」金法1615号45頁。

(注30) 本制度の検討経緯については、法制審議会倒産法部会第11回会議（平成14年2月22日）議事録（法務省ホームページ）、「会社更生法改正要綱試案補足説明」『会社更生法の改正』別冊NBL70号130頁以下を参照。

(注31) 福永有利「担保権消滅の請求」判タ1132号163頁、山本和彦「担保権の消滅請求」門口ほか編・前掲注8・165頁。

(注32) したがって、処分価額とは何かにつき民事再生法と同じ問題がある。またこの点について、会社更生法の担保権消滅手続において保護すべき担保権者の利益は、更生手続が廃止となり牽連破産となった場合に実現されるであろう担保権実行価額に相当する金銭の確保なのであるから、ここでいう処分価額とは、競売で実現されるであろう価額というべきであるとの見解がある（山本和彦ほか「研究会 新会社更生法（4）」ジュリ1260号180頁（田原睦夫、山本和彦発言）、山本・前掲注24・474頁等参照）。

(注33) 深山卓也ほか『新しい会社更生法』76，77頁

(注34) 山本ほか・前掲注32・181頁［深山発言］。なお反対説として同頁［田原発言］。

（ますぎ　えいいち）

10 担保権消滅請求
(2) 破産

弁護士 多比羅 誠

1 はじめに

抜くか抜かぬか、伝家の宝刀。鳴り物入りで創設された破産手続の担保権消滅請求の利用の実状は如何。

現行破産法は平成17年1月1日に施行され、約1年経過した平成17年12月17日、日本弁護士連合会の特別研修「施行1年後の新破産法の実務運用」において、担保権消滅請求の申立件数は東京地方裁判所4件、大阪地方裁判所4件、福岡地方裁判所1件であることが判明した（他の地方裁判所の実状は不明）。いずれも、担保権者からの対抗手段の申出がなく、許可決定が確定している。

その後も、さほど増えず平成17年1月1日から平成18年8月15日までの申立件数の累計は、東京地方裁判所8件（7件は許可決定、1件は異議申立期間中）、大阪地方裁判所5件（4件は、許可決定、1件は担保権実行の申立てがあり、取下げ）、福岡地方裁判所1件（許可決定）である。東京地方裁判所8件のうち6件、大阪地方裁判所5件のうち4件および福岡地方裁判所の1件は、いずれも競売手続において配当を見込めない後順位抵当権者が、法外な抵当権抹消料（ハンコ代）を要求したため、申立てがなされたケースである。

利用が意外に少ない。抜かないのに、抜いたと同じ効果があった伝家の宝刀なのか。それとも、抜くことができなかったのか。必要なときはいつでも抜ける、自家薬籠中の伝家の宝刀にしておきたい。

担保権消滅請求について利用する上で、気になる若干の点について、考察することにした。

2　担保権消滅請求の手続

（1）担保権消滅の許可の申立て

　破産手続開始当時、破産財団に属する財産の上に担保権が存する場合において、当該担保権を消滅させて当該財産を任意に売却することが破産債権者の一般の利益に適合するときは、破産管財人は、裁判所に対し、当該財産を任意に売却し、売得金の額から破産管財人が認める組入金の額を控除した額に相当する金銭を裁判所に納付して当該財産の上に存するすべての担保権を消滅させることについての許可の申立てをすることができる（破産法186条1項）。

　売得金については、後に詳述する。

（2）事前協議

　売得金の一部を破産財団へ組み入れようとする場合は、組入金の額について、あらかじめ担保権者と協議しなければならない（破産法186条2項）。

（3）担保権消滅許可の申立書

　許可の申立ては、次に掲げる事項（①当該担保権の目的である財産の表示、②売得金の額、③財産の売却の相手方の氏名または名称、④消滅すべき担保権の表示、⑤担保権によって担保される債権の額、⑥組入金が存すると認めるときはその額）を記載した書面でしなければならない（破産法186条3項）。

（4）申立書の添付書面

　申立書には売買契約の内容を記載した書面を添付する（破産法186条4項）。売買契約の内容には、売買契約の締結および履行のために要する費用のうち、破産財団から現に支出し、または将来支出すべき実費の額ならびに消費税額等に相当する額であって、売買契約において相手方の負担とされるものを含む内容を記載する。

（5）担保権者への送達

　申立書および売買契約の内容を記載した書面を担保権者に送達する（破産法186条5項）。

（6）担保権の実行の申立て（担保権者の対抗手段その1）

　担保権者は、すべての担保権者が申立書等の送達を受けた日から1カ月以

内(やむを得ない事由がある場合伸長することができる)に、担保権の実行の申立てを証する書面を提出できる(破産法187条)。

(7) **担保権者の買受けの申出(担保権者の対抗手段その2)**

担保権者は、前記送達日から1カ月以内に、担保権者その他の者が売得金の額に5%以上の額を加えた額で買い受ける旨の申出を破産管財人に対し、することができる(破産法188条)。ここでいう売得金額は、組入金を控除する前の金額である(同法188条3項、186条3項2号)。

買受希望者は、買受けの申出に際し、申出額の20%相当額の保証金を破産管財人に交付しなければならない(破産法188条5項、破産規則60条)。

(8) **担保権消滅の不許可決定**

担保権者が担保権実行の申立てをしたことを証する書面を提出したときは、担保権消滅不許可の決定をする(破産法189条1項)。

(9) **担保権消滅の許可決定**

ア 買受けの申出がない場合

許可申立書の売却の相手方との売却に基づく担保権消滅の許可決定をする(破産法189条1項1号)。

イ 買受けの申出がある場合

買受希望者を売却の相手方とする売却に基づく担保権消滅の許可決定をする(破産法189条1項2号)。

この許可決定確定により、買受希望者との間で、申立書記載の売買契約と同一の内容の売買契約が締結されたものとみなされ、買受申出の額が売買契約の売得金の額とみなされる(破産法189条2項)。この許可決定があった場合には、売得金全額が担保権者への弁済に充てられ、剰余金が生じない限り、破産財団への組入金は認められない。

(10) **金銭の納付**

売得金(および保証金)は裁判所の定める期限までに裁判所に納付しなければならない。担保権は売得金額全額の納付があった時に消滅する(破産法190条)。消滅するのは担保権のみであり、用役権には影響しない。

なお、消滅する担保権の抹消は裁判所書記官が嘱託するが、所有権移転登

記は管財人と買受人との共同申請となる。

(11) 配当等の実施

　裁判所は、許可決定に係る売却の相手方および破産管財人から所定の金銭の納付があった場合には、担保権者に対し、配当表に基づいて配当を実施し、または弁済金を交付し、剰余金があれば破産管財人に交付する（破産法191条1項・2項）。

3　不動産売買契約の特徴

　担保権消滅許可申立ての売買契約には、次のような特徴がある。

（1）　担保権消滅許可の申立てに基づいての任意売却については、担保権消滅許可決定が確定しないと、売買契約は効力を生じない（破産法78条2項・5項）。

（2）　破産管財人による担保権消滅許可の申立てがあった場合、担保権者は、担保権消滅許可の申立書の送達を受けた日から1カ月以内に、（ア）担保権の実行の申立てを行っていることを証明する文書を提出することによって、破産管財人の予定する任意売却と担保権消滅許可を阻止できるし（破産法187条1項、189条1項）、また、（イ）破産管財人に対し、当該担保権者または他の者が売得金の5％以上を上乗せした額での買受けの申出をし、かつ、買受希望者が買受けの申出額の20％相当額の保証を提供した場合には、破産管財人の予定した任意売却および財団組入れを阻止できる（同法188条、189条1項2号）。

（3）　買受けの申出があり、買受希望者を売却の相手方とする担保権消滅の許可決定が確定した場合、破産管財人と買受人との間で、破産管財人が当初予定した売却の相手方との間での売買契約（担保権消滅許可の申立書に添付した売買契約）と同一の内容の売買契約（ただし、売却の相手方および売買代金を除く）が締結されたものとみなされる（破産法189条1項・2項）。

4　売得金

　売得金とは、売却の相手方から取得できる金銭の額から、①売買契約の締

結および履行のために要する費用のうち、破産財団から現に支出しまたは将来支出すべき実費の額ならびに②当該財産の譲渡に課されるべき消費税額等（消費税額および地方消費税額をいう）に相当する額であって、当該売買契約において相手方の負担とされるものに相当する金銭を控除した金銭である（破産法186条1項1号）。

そして、売得金の一部を破産財団に組み入れる場合、その金銭が組入金である。

担保権消滅許可の申立書に添付する売買内容を記載した書面の中に、①売買契約の締結および履行のために要する費用のうち破産財団から現に支出し、または将来支出すべき実費の額および消費税等を記載し、かつ、②売却の相手方は、記載したそれらの実費相当額等を負担する旨を定めておかなければならない（破産法186条4項）。

5　売買契約の締結・履行の費用

売買にあたって、買主から売主に交付された金銭は、物の対価部分だけでなく、費用に関する部分もある。それを、担保権者に配当することは相当でない。

売買契約の締結および履行のために要する費用ならびに消費税等は、たとえ売却によってその相手方から取得することができる金銭の一部であるとしても、それは担保目的物の価値の具体化、現実化したものとはいえず、売主である破産財団にとって、取得しても、通過するだけで手元に残らず、破産財団に組入れされるものではない。破産財団から実費分として支出し、売却の相手方から実質的には償還を受けるに過ぎないといえる。つまり、売買契約において相手方の負担とされるものに相当する金銭である。

その意味で、担保権者への配当原資から除外されるべき費用である。

例えば、契約書の貼用印紙代等、売買契約の締結および履行のために要する費用ならびに消費税額等相当額は、任意売却の際（破産管財人が当初予定した任意売却においても、また買受けの申出についての許可決定確定により成立する任意売却においても）、担保権者に配当されることは、相当ではない。

つまり、破産管財人が売却によって、その相手方から取得することができる金銭のうち、目的物の価値の部分が担保権者への弁済に充当され、それを控除した残額が、売買契約の締結および履行のために要する費用、消費税額および組入額等に充当されることになる。

組入金は、破産管財人の任意売却によって、目的物を競売手続によって売却する場合に得られるであろう価額を超えて得られた部分であり、それは破産財団を構成するので、担保権者へ弁済せず、破産財団に残しておいてよい部分である。任意売却においては、その部分の存否や額が不明なので、存否および額の判断を担保権者の消極的同意にかからしめていると解する（消極的同意のほか破産管財人の働きに対する報酬ないし報奨を根拠とする有力説がある。伊藤眞ほか「研究会・新破産法の基本構造と実務」ジュリ1298号120頁〔山本和彦発言〕、121頁〔福永有利発言〕）。

そこで、担保権者への配当から除外すべき費用であることがわかるようにするため、組入金がある場合には申立書に組入金の額を記載しなければならないし（破産法186条3項6号）、また申立書に、財産の売却に係る売買契約の内容を記載した書面を添付する際、その売買契約において、破産財団から支払われる売買契約の締結および履行のために要する費用ならびに消費税額等につき、相手方に負担させることとなるものがあるときは、そのことを売買契約の内容に定めておき、その部分は担保権者への配当に充てられるものでないことを明らかにしておかなければならない（同条4項、1項1号）。

売得金は、組入金を除き担保権者への弁済に充てられる。売却の相手方から取得できる金額から、売買契約の締結および履行のために要する費用および消費税額等の全額を控除でき、残りが売得金になるというものではない。

控除できるのは、売買契約の締結および履行のために要する費用については、その費用のうち、破産財団から現に支出しまたは将来支出すべき実費の額であって、当該売買契約において相手方の負担とされるものに相当する金額である（破産法186条1項1号）。

すなわち、①客観的な意味での契約の締結および履行に要する費用であること、②破産財団からの実質的な支出であること、③その上、合意で相手方

（買主）負担と決まったものに限られる（伊藤ほか・前掲ジュリ1300号90頁〔小川秀樹発言〕）。

　売買契約の締結および履行のために要する費用には、契約書の貼用印紙代、仲介手数料、測量費用、登記手続費用、目的物の賃借人等の立退料、目的物に設置されている工作物等の撤去費用、土壌汚染の調査費用等が挙げられる。

　固定資産税は、売買契約時のものも、滞納しているものも、当該不動産の任意売却とは関係なく発生するものであり、売買契約の締結および履行のために要する費用に該当しない。

　ただし、滞納した固定資産税に基づき国税滞納処分による差押えがされている場合には、売買契約を履行するためには、差押えの解除を受けなければならないことから、売買契約の履行に要する費用と解することができる（大阪地方裁判所・大阪弁護士会新破産法検討プロジェクトチーム編『破産管財手続の運用と書式』152頁、服部敬「別除権の目的財産の任意売却と担保権消滅請求」全国倒産処理弁護士ネットワーク編『論点解説　新破産法（上）』59頁）。

　売買物件についての収益および負担は、所有権者に帰属することから、納期限の関係で、売主は所有権移転後の分まで納税しておく（前払いする）こともあるし、逆に、所有権移転前の分を所有権移転後に納税する（後払いする）こともあるので、売買契約で清算方法を定めておくとよい。

　売主が前払いしておいた所有権移転後の納税分を買主から清算してもらった場合、元来、納税を負担するのは破産財団であるから、清算金は破産財団に帰属し、担保権者への配当原資に回すべきものではない。

　仲介手数料については、担保権消滅許可申立てに係る売却の相手方との売買契約が成立する場合、その売買契約に関与する仲介業者の仲介手数料が売買契約の締結および履行のために要する費用に該当する。問題は、買受けの申出があり、買受人との間で、売買契約が成立した場合に、破産管財人が予定した任意売却の仲介業者の仲介手数料を支払うことにしたとき、それが売買契約の締結および履行のために要する費用となるかである。

　売主である破産管財人の申立てに係る売却の相手方との売買契約が効力を生ぜず、買受人との間で売買契約が成立したとしても、申立てに係る売却の

相手方との売買契約において、ある仲介業者に対し仲介手数料を支払う約定にしている場合には、買受人との間においてもそれと同一の内容の売買契約が締結されたものとみなされる。

このような場合、当初の売買契約が効力を生じなかったのは、担保権者の行動によるものであり、買受人との売買契約の成立に、当初の売買契約の存在が間接的に寄与しているといえること、また売主は、買受人との売買契約の履行の補助、重要事項の説明等を当該仲介業者に行ってもらうならば、売買契約の締結および履行のために要する費用に該当すると解することは妥当である。そして、売主と買主とが合意すれば、この場合の仲介手数料も、契約締結および履行の費用として控除することは可能である。

このほか、土壌汚染対策工事費および土地の改良費用等が売得金から控除できるかが問題となる。

基準は、①売買契約の締結および履行の費用に該当すること、②実費的な支出であること、③当事者間の合意によって、買主の負担に決まったことの3つの要件に該当するか否かである。

土壌汚染対策工事費は、土地の売買のため、ないし準備のために行った場合は、売買契約締結履行費用に該当すると解し、合意によって買主の負担に決まっているならば、売得金から控除できると解してよいのではないか（筆者は、会社更生事件においてであるが、処分連動方式の更生計画のもとで、工場敷地について更生担保権評価額8億円、売却代金6億円、土壌汚染調査および対策工事費5億円、仲介手数料その他の費用8000万円の場合に、更生担保権者への弁済額2000万円というケースを体験した）。

土地の改良費用については、売買契約の締結および履行の費用に該当しないため、その分を破産財団に確保するためには、売得金の一部の組入れによることになる（小川秀樹編著『一問一答　新しい破産法』265頁）。

買受申出が成立すると、破産財団の組入額はないことになり、土地改良費を組入額に含めた場合には、土地改良費が破産財団の負担となり、逆に価値増加分は担保権者への配当に回るという不公平が生ずることになる。

土地改良費については、破産管財人が行ったとか、売買のためないしは売

却準備のために行った場合には、売買契約の締結および履行の費用に該当すると解し、売得金からの控除を認めることが公平であると解される。

6 担保権消滅許可における任意売買と融資

(1) 融資金融機関のリスク

　担保権消滅許可決定を受けた売却の相手方（破産法186条3項3号の売却の相手方または買受人）は、金融機関から売買代金の融資を受けて、売買代金を支払った場合、金融機関のために買受不動産について、確実に第1順位の抵当権を設定することができるか。

　不動産の購入者は、金融機関から売買代金の融資を受けて、不動産を購入し、その不動産を担保に入れること、つまり、金融機関から購入不動産を担保に入れることを条件に購入代金の融資を受けることが大半である。

　即時の任意売買を予定していたが、破産管財人が担保権消滅の許可申立てをした任意売却の相手方（破産法186条3項3号の売却の相手方）も、買受けの申出をした買受人（同法189条1項2号、2項）も同様である。

　売買代金を融資する金融機関は、融資後遅滞なく第1順位の抵当権を確保できる保証がないと融資を行うことが困難であり、金融機関の融資を受けにくいと、担保権消滅許可手続の利用は、一層少なくなろう。

　売却の相手方は、売得金のうち組入金がある場合には、組入金額を控除した額、また買受けの申出の保証を提供した場合にはそれを控除した額を裁判所に納付し（破産法190条1項）、破産管財人は保証の提供を受けている場合には、保証の額相当額を裁判所に納付し（同条3項）、それらの金銭が裁判所に納付された時に、担保権は消滅し（同条4項）、裁判所書記官は消滅した担保権の登記の抹消を嘱託する（同条5項）。

　売却の相手方は、売買代金のうち裁判所に納付した売得金および破産管財人が裁判所に納付した保証の額を控除した残りの売買代金を売主である破産管財人に対して支払い、引換えに買受不動産の所有権移転登記手続に必要な書類を受け取り、引渡しを受ける（より正確には売買契約の定めによって行われる）。

金融機関は、不動産の購入者に購入代金を融資し、当該不動産に抵当権の設定を受ける場合には、通常、融資金融機関の信頼のおける司法書士に登記手続を依頼し、売主、買主、先順位担保権者である金融機関、融資金融機関、不動産売買仲介業者が一堂に会し、売買代金の支払、不動産所有権移転登記手続の必要書類、先順位抵当権設定登記の抹消登記手続の必要書類、融資金融機関の抵当権設定登記手続の必要書類などが確実に受け取れるようにする。
　そして、受領後、直ちに前記の３つの登記手続を同一の司法書士が同時に申請する。
　通常の任意売却においては、買主は金融機関から融資を受けて売買代金を支払った場合、所有権移転登記手続と連続して抵当権設定登記手続を申請することができるから、融資金融機関のために、第１順位の抵当権設定登記は可能である。
　しかし、担保権消滅許可手続では、担保権の抹消登記は裁判所書記官の嘱託で行い、所有権移転登記手続の申請は売主である破産管財人および買主の共同で行うことから、両者の間にタイムラグが生ずる。先に所有権移転登記手続および抵当権設定登記手続を申請すると、嘱託による担保権の抹消登記手続に支障が生ずる。嘱託登記手続がいつ行われるか、正確な日時を把握することは困難であるため、嘱託による登記手続の直後に抵当権設定登記手続を確実に行う方法はないようにも思われる。結局、融資後遅滞なく第１順位の抵当権が設定できないのではないかというリスクのために、担保権消滅許可手続を使った任意売買には、買受不動産を担保に金融機関から売買代金の融資を受けることは容易でないと思われる。何らかの実務運用の工夫が必要である。どのようにすればよいか。

（２）民事執行法の定め
　民事執行法の不動産競売手続において、かつては、代金納付による登記の嘱託は、買受人が裁判所に代金を納付した後、裁判所書記官が登記所に送付する方法に限られていた（民事執行法82条１項、188条）。そのため、登記嘱託による所有権移転登記手続および担保権その他の登記の抹消登記手続が終了

するまで、金融機関は抵当権の設定登記手続ができず、その間、他の登記等がなされる危険が常にあり、買受不動産を担保にして金融機関から代金の調達を図ることは困難であった。

民事執行法の平成10年改正により、買受人および買受人から競売物件に抵当権の設定を受けようとする者（買受人に代金を融資する金融機関）が、共同して、司法書士または弁護士を指定して申出をすれば、裁判所書記官は、その指定された者に登記嘱託書を交付して登記所に提出させる方法で所有権移転登記等の嘱託を行うこととなった（民事執行法82条2項、188条、民事執行規則58条の2、173条1項）。

その結果、指定された者が登記嘱託書を登記所に提出する際に、併せて抵当権設定登記申請手続を行うことによって第1順位の抵当権を設定できることになった。

（3）担保権消滅許可における融資のスキーム

担保権消滅許可手続においても、民事執行法82条2項と同様に、買主の指定する者による担保権抹消登記の嘱託書の提出が認められるならば、担保権抹消登記、所有権移転登記、抵当権設定登記を連続させることが可能となる。

もっとも、破産手続開始決定があった場合には、破産財団に属する財産に対し、財団債権または破産債権に基づいて強制執行、仮差押え、仮処分等を行うことはできないし（破産法42条1項・2項）、また破産管財人は、不動産の任意売却および借財をするには裁判所の許可が必要であり（同法78条2項1号・5号）、裁判所の許可を得ないでした行為は無効である（同条5項。ただし、善意の第三者には対抗できない）から、もともと、民事執行手続よりリスクは非常に少ない。

売主である破産管財人が行う所有権移転登記手続と買主が行う第1順位の抵当権設定登記手続は、現状においても、連続して行うことは可能である。そこで、裁判所（裁判所書記官）は、担保権抹消登記の嘱託書を登記所に送付した旨を、直ちに、売却の相手方および破産管財人に対し通知する実務運用にするならば、担保権抹消登記の嘱託書の登記所への送付後、すみやかに所有権移転登記手続と抵当権設定登記手続とを申請することが可能であるか

ら、担保権消滅許可手続においても、融資する金融機関が第1順位の抵当権を確保することについて、ほとんどリスクがなくなるであろう。

裁判所書記官による、担保権抹消登記の嘱託書の発送日時を売却の相手方等に通知する実務が定着していない現在では、売却金を納付後、買主は裁判所書記官に、いつ嘱託書を発送したか照会したらよい。裁判所書記官は、照会に応じ、発送日を回答するはずである。

以上述べたところを整理すると、次のような手順になる。

〈破産法186条3項3号の売却の相手方の場合〉

① 売却の相手方は、裁判所からの納付期限の通知（破産規則61条1項）受領後、売得金のうち組入額があれば、それを控除した金額を裁判所に納付する（破産法190条1項1号）。通常は銀行振込による。

② 裁判所は売却の相手方に対し、保管金受領証書を交付する。

③ 裁判所書記官は、担保権の抹消登記の嘱託をする（破産法190条5項）。

④ 売却の相手方は、破産管財人に対し、保管金受領証書のコピーを交付し、①を行った旨連絡する。

⑤ 売却の相手方は、破産管財人に対し、売買代金のうちから、①により裁判所に納付した売得金を控除した金額を支払う。

⑥ 売却の相手方は、破産管財人より⑤と引換えに所有権移転登記に必要な書類を受け取り、かつ買受不動産の引渡しを受ける。

⑦ 売却の相手方は、裁判所に登記嘱託書の発送の有無を確認し、登記所に所有権移転登記手続と融資した金融機関のために第1順位の抵当権設定登記手続を申請する。

〈買受人の場合──保証金を振り込んだとき〉

① 買受人は、裁判所からの納付期限の通知（破産規則61条1項）を受領後、売得金のうちから提供した保証の額を控除した金額を裁判所に納付する（破産法190条1項2号）。通常は、銀行振込による。

② 裁判所は買受人に対し、保管金受領証書を交付する。

③ 買受人は、破産管財人に対し、保管金受領証書のコピーを交付し、①を行った旨を連絡する。

④　裁判所書記官は、破産管財人に対し、①の金銭の納付があった旨を通知する（破産規則61条2項）。
⑤　破産管財人は、保証額に相当する金銭を裁判所に納付する（破産法190条3項）。通常は、銀行振込による。
⑥　破産管財人は、買受人に対し、保証相当額の振込証書のコピーを交付し、裁判所に納付した旨を連絡する。
⑦　裁判所書記官は担保権の抹消登記の嘱託をする（破産法190条5項）。
⑧　買受人は売買代金のうちから、①の裁判所へ納付した金額および提供した保証相当額を控除した残代金を破産管財人に支払う。通常は、預金小切手で支払う。
⑨　買受人は、破産管財人より、⑧と引換えに所有権移転登記に必要な書類を受け取り、かつ買受不動産の引渡しを受ける。
⑩　買受人は、裁判所に登記嘱託書の発送の有無を確認し、登記所に所有権移転登記手続と融資した金融機関のために第1順位の抵当権設定登記手続を申請する。

以上の手続を取るならば、融資金融機関は、融資後、翌日ないし翌々日には、ほとんどリスクを負うことなく、第1順位の抵当権設定手続を申請することが可能と思われる。いずれにしても、買主は売主である破産管財人と綿密に打合せをしておくことが重要である。

7　実務上の留意点—担保権の実行

担保権者は、担保権消滅許可の申立書等の送達を受けた日から1カ月以内に、担保権の実行の申立てをしたことを証する書面を裁判所に提出することによって、破産管財人の予定する任意売却および担保権消滅許可を阻止することができる（破産法187条1項、189条1項）。

ここでいう「担保権の実行」とは何か。民事執行法180条は、不動産担保権の実行は、担保不動産競売と担保不動産収益執行とがある旨定めている。したがって、担保不動産競売だけでなく、担保不動産収益執行も含まれると解する見解がある。

しかし、担保不動産収益執行を含むことには、疑問がある。
① 担保権消滅許可請求は、担保物件の交換価値を実現する破産管財人の換価の手段であり、これを阻止できるのは、担保権者が自ら交換価値を実現する換価方法を選択したからであって、担保不動産収益執行は、不動産から生ずる収益を被担保債権の弁済に充てる手続であって、交換価値の実現の手続でないこと。
② 担保権者は、担保不動産競売または担保不動産収益執行のいずれか一方、または双方を申立てすることができる（民事執行法180条）。双方の手続が係属する場合には、担保不動産競売の手続において買受人が代金を納付すると、これによりすべての抵当権等が消滅するため（民事執行法188条、59条1項）、その時点で、担保不動産収益執行も取り消される（民事執行法188条、111条、53条）。
　このように、担保不動産収益執行は、実質的には、担保不動産競売の売却までの間の暫定的な側面を有する担保実行手続であること。
③ 担保不動産収益執行の開始決定がなされた不動産について破産管財人が強制競売の申立てをすることができ（民事執行規則24条後段参照。破産法184条2項・3項。破産管財人の申立てには無剰余取消しの規定は適用されない）、結局のところ、破産管財人による換価手続を避けることができないこと。
④ 担保不動産収益執行は、無剰余取消しの規定はなく、担保不動産競売ならば、無剰余で全く配当の見込めない後順位の根抵当権者が申立てをして破産管財人の担保権消滅許可請求を妨害できること。
⑤ 担保不動産収益執行によって、担保権消滅許可請求が阻止できるとなると、破産管財人として、破産財団からの放棄を余儀なくされ、換価手続としては好ましくないこと。
⑥ 担保不動産収益執行の手続が閉ざされたとしても、担保権者には、交換価値を実現する担保不動産競売の方法は残されており、格別の不利益は生じないこと。
　以上、総合して考えると、破産法187条1項の「担保権の実行」には、担保不動産収益執行を含まないと解すべきである（伊藤ほか・前掲（8）ジュリ

1300号101頁〔松下淳一発言〕および〔伊藤眞発言〕は、結論同旨)。

　「担保権の実行」として、担保不動産収益執行を申し立てた事案は、未だないが、実務の取扱いは、担保不動産収益執行を含まないという方向へ進むかと思われる。

＜追記＞

　担保権消滅の許可手続を利用する場合の不動産売買契約書および対象となる建物を賃貸中で、敷金がある場合の考え方につき、多比羅誠「破産管財人による任意売却と担保権消滅をめぐる実務上の問題点」編集代表・田邊光政編『最新倒産法・会社法をめぐる実務上の諸問題』(民事法研究会、平成17年)424頁以下に論述した。

　　　　　　　　　　　　　　　　　　　　　　　　（たひら　まこと）

11 非典型担保
(1) ファイナンス・リース

弁護士 片山英二／弁護士 中村 閑

1 はじめに

　フルペイアウト方式のファイナンス・リース契約に基づいてリース物件の引渡しを受けているユーザーが倒産手続に入った場合に、リース会社が有する権利はどのように取り扱われるか。この問題は、従来、リース契約の法的性質から論じられ、共益債権説と担保付債権説の対立がみられたが、最高裁は、リース契約の実質は「ユーザーに対して金融上の便宜を付与するものである」として、共益債権性を否定した（最二小判平7.4.14民集49巻4号1063頁・金法1425号6頁）。この判決により、実務上、リース契約の担保権構成は確立されたといえよう。現在は、担保権構成を前提にして、担保権の目的物をどのように理論構成するか、また、担保権の評価の方法、さらには解除特約の効力を含め、民事再生手続における取扱いに議論の中心は移っている。なお、手続中にリース期間が満了した場合の取扱いも、残された課題である。本稿では、これらの主要な議論を取り上げるとともに、各倒産手続における実務上の取扱いを整理する。

2 リース契約の種類

(1) ファイナンス・リース（フルペイアウト方式）

　リースの概念を定義した法律はなく（注1）、一口にリースといっても、その契約内容は個々の取引によって様々であるが、商取引の場面においてリース契約といえば、ファイナンス・リースを指すことが多い。ファイナンス・リースとは、リース業者が、ユーザーが選択した特定の機械・設備等（リース物件）を、ユーザーに代わって自己の名で販売業者から購入し、ユー

ザーに賃貸して使用させ、ユーザーがリース期間に支払うリース料で、物件購入代金・金利・手数料等を回収するものであり、リース物件の所有権は終始リース業者にあるとともに、リース期間中、ユーザーからの中途解約は認められず、リース業者は、リース物件に関する危険負担、瑕疵担保責任、修繕義務等を負わないことを特徴とするリース形態である。そして、いわゆるフルペイアウト方式のファイナンス・リースとは、リース期間満了時にリース物件に残存価値はないものとみてリース業者がリース期間中に物件購入代金その他の投下資本の全額を回収できるようにリース料が算定されているものをいう。以下では、特段の断りをしない限り、このフルペイアウト方式のファイナンス・リースを前提にすることとしたい。

(2) オペレーティング・リース

会計上、ファイナンス・リースに当たらないものは、オペレーティング・リースと呼ばれる。ただし、オペレーティング・リースとは、様々な形態のリースの総称であるから、個々の取引の性質によって、倒産手続における処遇に相違があり得ることに注意が必要である。オペレーティング・リースに含まれる形態として、メインテナンス・リース、レバレッジド・リース、セール・アンド・リースバックなどがある(注2)。

3 ファイナンス・リースの法的性質

(1) 法的性質

ファイナンス・リースの法的性質については、リース料支払債務とユーザーの使用収益を受忍する義務とが対価関係に立つ双方未履行の賃貸借契約であり、ユーザーが倒産手続に入りリース物件を使用し続けた場合に、未払リース料は共益債権に当たるとする説(共益債権説)と、リース契約の金融取引的性質を重視してリース料の支払とリース物件の使用とは対価関係に立たずリース料債権は担保付倒産債権になるとする説(担保権説)の対立があった。この点につき、前掲最二小判平7.4.14は、ファイナンス・リースの「実質はユーザーに対して金融上の便宜を付与するものであるから、右リース契約においては、リース料債務は契約の成立と同時にその全額について発生し、リ

ース料の支払が毎月一定額によることと約定されていても、それはユーザーに対して期限の利益を与えるものにすぎず、各月のリース物件の使用と各月のリース料の支払とは対価関係に立つものではない」として、共益債権性を否定した。本最高裁判決は、未払リース料債権が一般更生債権か更生担保権かについては直接触れていないが、その後、ユーザーの更生手続にあたっては、更生担保権として処理しているのが実務である（注3）。ただし、ファイナンス・リース以外のリース取引に関する本最高裁判決の射程については、個別に検討する必要がある。

（2）リース契約の担保目的物

このように、リース料債権を担保付債権として捉えると、次に、その担保目的物は何かが問題となる。

ア　学説の状況

利用権説は、ユーザーの有するリース物件に対する利用権・使用権を担保目的物とする説であり、担保権の性質を債権質であるとするもの（注4）と、慣習法上認められる非典型担保とするものがある（注5）。

これに対し、所有権説は、ユーザーにリース物件の実質的な所有権が帰属すると解した上で、この実質的所有権が担保目的物であるとする説（注6）であり、担保権の性質を所有権留保ないし譲渡担保とする。所有権説に対しては、リース物件の所有権が終始リース業者にあるとされることと矛盾するとの批判、ユーザーにはリース期間中であっても所有権の中核的要素である処分権が認められない点を指摘する批判（注7）などがある。

イ　裁判例の状況

下級審裁判例であるが、東京地判平15.12.22（金法1705号50頁）および大阪地決平13.7.19（金法1636号58頁）は、民事再生の事案において、利用権説に立つことを明らかにした。このうち大阪地決については、後記4（2）で詳述することとするが、会社更生手続について東京地裁では所有権留保ないしこれに類似するものと解して運用しているとの指摘があるほか（注8）、理論上の構成が様々な局面で効果の相違に結びつく可能性があり、今後どのような判断がなされていくのか注目される。

4 各倒産手続における処遇

(1) 会社更生手続

ア 担保権説からの帰結

　ファイナンス・リース契約の当事者であるユーザーについて更生手続の開始決定があった場合、前記3(1)で述べた通り、未払リース料債権は更生担保権として扱われる。担保目的物を利用権と解した場合には、利用権のリース業者への移転行為が担保権の実行行為となり、担保目的物を所有権と解した場合にはリース物件のリース業者への返還がこれに当たることとなろうが、いずれにしろ、リース業者は、担保権の実行をすることはできず（会社更生法50条1項）、担保権の評価額が更生担保権額となる。未払いリース料債権と上記評価額との差額は、一般更生債権となる。

イ 担保権の評価

　以上のように、担保権の評価額いかんによって、リース業者が回収可能な金額に差が生じ得るところ、その担保権の評価は「時価」によることとされている（会社更生法2条10項）。リース物件の目的物それ自体を客観的に評価すると、残存しているリース料債権に比して著しく低額になることがある。このことを踏まえて、利用権説の立場から、利用権説によった方が、ユーザーにとって特別の利用価値がある場合にその特別価値を評価に織り込むことができ、更生担保権が二束三文の評価を受けることは少ないとする見解がある一方（注9）、担保目的物の法的構成によって、評価方法や評価基準が影響を受けることはないとの指摘もある（注10）。また、収益還元法（DCF法）を一律に適用することについては、実務上の困難性が指摘されているところである（注11）。結局のところ、市場価格のある物件については、市場価格と収益還元価格を総合考慮する方法、市場価格を見出しにくい物件については約定リース料（一定の減額を加えるのが通常であろう）と収益還元価格を総合考慮する方法をベースに、各事案ないし物件の特殊性を加味して評価することになろう。実務と判例の集積が期待される（注12）。

ウ　解除特約の可否

　ファイナンス・リース契約においては、倒産手続開始申立ての原因となるべき事実が生じたことを無催告解除事由とする条項（いわゆる倒産申立解除特約。以下「解除特約」という）が入れられることが多い。このような条項が、会社更生手続において有効か否かが問題となる。所有権留保の事案で、最高裁は、「債権者、株主その他の利害関係人の利害を調整しつつ窮境にある株式会社の事業の維持更生を図ろうとする会社更生手続の趣旨、目的（会社更生法1条参照）を害する」ことを理由に、解除特約の効力を否定しており（最三小判昭57. 3. 30民集36巻3号484頁・金法1004号46頁）、リース契約についても妥当すると解されている（注13）。しかし、後述の通り、本最高裁判決の射程については、特に民事再生手続との関係で議論のあるところである。

エ　弁済禁止保全処分・中止命令との関係

　前記昭和57年最高裁判決は、会社更生手続開始の申立てのあった会社に対し弁済禁止の保全処分が命じられたときは、その後に弁済期が到来しても、その履行遅滞を理由に契約の解除をすることはできないと判示した。一方、保全処分発令前の債務不履行によって既に発生していた解除権を、保全処分後に行使できるかという問題がある。これについては、肯定する見解が多い。理由として、いつでも解除できる立場にあった相手方の地位は更生手続が開始されても影響を受けないこと（注14）が挙げられる。

　次に、中止命令（会社更生法24条）の規定が非典型担保にも類推適用されるとの立場を前提として（注15）、中止命令発令後にリース契約の解除をなし得るかが問題となる。担保権説からは、リース契約に関して中止命令が発令された後には、担保権の実行（同条1項2号）に当たるリース契約の解除はなし得ないことになろう。中止命令発令前に既にリース契約を解除したがリース物件がいまだユーザーの手元に残っている場合に、その引渡請求も中止命令によって中止されるかという点については、抵当権の実行における買受人による引渡命令と同断であり中止命令の対象にはならないとする見解がある（注16）。

オ　担保権消滅請求手続

会社更生法104条以下に規定される担保権消滅請求制度は、更生担保権に適用されるから、ファイナンス・リースにも類推適用されることとなろう。そして、担保権消滅請求における評価は「処分価額」を前提として決定する（会社更生規則27条）ものとされている。担保権の目的物の「時価」評価と同じく、リース物件の評価が難しい問題となり（注17）、今後の課題である。

カ　更生手続中にリース期間が満了した場合の取扱い

　更生手続中にリース期間が満了した際、更生会社はリース物件の使用収益の継続を希望しているのに対し、リース会社はリース物件の返還を希望している場合、どちらの請求が認められるか。つまり、更生会社のリース業者に対する再リース請求の可否、あるいはリース業者の返還請求の可否の問題である。この点につき、前記平成7年最高裁判決の原審（東京高判平2.10.25金法1273号33頁）は、リース業者が再リース契約を拒否する態度を取ることが認められない理由はないとした上、リース業者としては、期間満了までのリース料の支払を受けることによって投下資本を回収することができたとしても、返還を受けたリース物件を他にリースし、あるいは処分することが可能であり、それにより利益を得ることを更生手続との関係において一律に否定しなければならない合理的理由はないと判示して、リース物件の返還請求を認めた。これに対し、その後、会社更生手続中の事案ではないが、「リース期間満了時には、リース物件の取得費その他の投下資本の全額が回収され、基本的にはリース貸主の目的は達成されているのであるから、その時点では、リース物件の所有権が形式的にはリース貸主にあるものの、実質的にはユーザーにあるともみることができ、ユーザーが再リースを求めた場合、リース貸主がこれを拒むことは特段の事情がない限り許されない」として、再リース請求権を認めた裁判例がある（名古屋高判平11.7.22金商1078号23頁）（注18）。後者の裁判例の結論が、会社更生手続中においても妥当するのか、その場合の理論上の整合性については、いまだ明らかではない。仮に会社更生手続において、更生会社の再リース請求権が否定されるとしても、事情によってはリース業者による再リースの拒絶が権利濫用となる場合があろう（注19）。なお、後者の裁判例が述べるように、「フルペイアウト方式のファイナンス

リースにおいては、再リース料は従来のリース料の10分の1ないし12分の1とし、年間一括払いで1年ごとに更新するとする取引慣行がほぼ確立」している（注20）。実務上は、右取引慣行に沿った処理、あるいは和解交渉によってリース期間を新たに設定した新リース契約を締結する処理がなされている。

（2）民事再生手続
ア　担保権説からの帰結

前掲の平成7年最高裁判決の判示からすると、民事再生手続の開始決定があった場合にも、ファイナンス・リース契約に対して、双方未履行の双務契約に関する民事再生法49条1項の規定は適用されず、リース料債権は担保付債権、すなわち、別除権とされることになる。

ところで、前述の通り、担保目的物が何かという点については学説が分かれているが、利用権説に立った下級審決定がある。リース契約について民事再生手続でどのような争いになるか実務の参考になると思われるので、やや詳しく説明する。

前掲大阪地決平13.7.19の事件の事実関係は次の通りである。リース会社とユーザーはスーパーマーケットの設備についてフルペイアウト方式によるファイナンス・リース契約を締結していた。この契約には、ユーザーが差押え等を受けたとき、または和議、破産、会社更生などの申立てがあったときは、リース会社は無催告解除できるとの特約があった。その後、第三者からユーザーの不動産に対する仮差押え、ユーザーの民事再生手続開始申立て、裁判所の保全命令、仮差押えを理由とするリース契約解除の通知、再生手続開始決定が、以上の順番で起こった。ユーザーは担保権消滅制度を背景に未払リース料の減額を求め、一方、リース会社はリース物件の引揚げができることを理由にリース料の減額に応じなかった。リース会社はリース物件の引渡請求訴訟を提起し、ユーザーは担保権消滅許可の申立てを行った。

裁判所は、以下の理由により担保消滅許可の申立てを棄却した。本件では仮差押えを受けたことにより解除権が発生し、解除により利用権は消滅したこと、これによりリース会社は利用権による制限のない完全な所有権を有す

ることになること、したがって、本件動産は再生手続開始当時、ユーザーの財産ではなかったから担保権消滅許可の申立てをなし得る場合に該当しない。また、解除無効の主張について、民事再生手続では担保権は手続に取り込まれておらず、別除権として再生手続によらないで行使することができるとされているから、特約は無効とはいえないとしてこれを排斥した（注21）。

イ　リース契約の解除

　以上のように、リース契約について担保権構成を取った場合、リース契約の解除は担保権実行と評価される（なお、解除により担保権の実行が完了するかどうかについては後述）。そして解除については次のような点が問題となる。

　（ア）解除特約による解除は有効か。
　（イ）再生手続開始決定により再生債務者は旧債務の弁済を禁止されるが、これに基づくリース料債務の不払いを理由とする解除は有効か。
　（ウ）同様に開始前の保全命令による不払いはどうか。

　これらの点については、鋭い対立がある。上記の下級審裁判例は、リース契約の解除特約は民事再生法との関係では効力を否定されないとし、過去には、和議手続について解除特約を有効とした裁判例があった（名古屋地判平2.2.28金商840号30頁）。また、（イ）、（ウ）の点についても、解除を有効とする考え方が主張されている（注22）。一方、実務家の間では、いずれの点についても解除を認めない考え方が有力に主張されている（田原睦夫「各種倒産手続と担保権の取扱い－概論－」金法1747号20頁等。本書第1部・田原論稿は、この論稿をベースとしたものである）。

　この問題は担保権の実行終了時期をどのように考えるかにも関連する。すなわち、リース契約についての担保実行時期を解除の意思表示の時とするのか、物件の取戻しの時とするのかにより、担保権消滅請求、中止命令の実効性が異なる。

ウ　担保権消滅請求類推の可否

　再生手続では、別除権について担保権消滅請求の制度がある（民事再生法148条以下）。そこで、この規定が、リース会社の有する権利にも適用されるかが問題となる。前記大阪地裁と東京地裁の裁判例によると、リース契約が

解除特約等により解除されていない場合ないし担保権の実行がなされていない場合であれば、別除権として担保権消滅請求の対象とすることが理論上は可能であろう（注23）。しかし、解除特約を認める立場をとった場合、実際には、担保権消滅請求の時点では既に契約の解除ないし担保権の実行がなされている場合がほとんどとなり、「再生債務者の事業の継続に欠くことのできないもの」に担保権消滅請求を認めた意味がなくなる。このような問題意識からか、上記平成15年東京地裁判決は、解除特約の有効性について「担保権消滅の許可や中止命令の制度との関係においてはこの特約の効力が制限されることはありうる」と付言しているので、この問題については担保権の実行終了時期の点とともに今後の実務の推移を注視する必要がある（注24）（注25）。

エ　実務上の処理

　民事再生手続の実務において事業継続に必要なリース物件については、多くの場合、再生債務者であるユーザーはリース会社と交渉してある程度の減額をしたリース料を支払うことで、監督委員の同意を得た上で継続使用の合意をすることが多い。これは、再生のための必要性、リース会社にとって返還を受けた場合の価値、全体の債権者間の公平などの総合的な観点から取られている実務の知恵であろう。法的には、担保権説に立てばこれは別除権協定で、別除権の目的財産の受戻し（民事再生法41条1項9号）を内容とする契約と評価される（注26）。この場合、合意に基づくリース料債権は共益債権（同法119条5号）とされる。なお、後に牽連破産となった場合の取扱い（財団債権とならないか）が問題となるが、将来部分については双方未履行双務契約として破産管財人は解除できると解すべきであろう。実務上は、破産手続開始決定がなされたときは効力を失う趣旨の解除条件を合意条項に入れることが望ましい（なお、別除権協定の構成を取らず、旧リース契約を解約した上で新たなリース契約を結ぶという形式を取った場合には、このような条項を入れることは困難となろうか）。

　事業の継続に不必要なリース物件については、リース料の支払をせずにリース会社からのリース物件の返還請求に応じ、リース会社はその処分価値を

差し引いた再生債権の届出をすることになる。
(3) 破産手続
ア 担保権説からの結論
　リース契約は別除権として扱われ、民事再生手続の項で述べたのと同様の取扱いとなる。なお、担保権説を採らない場合には取戻権の行使によってリース会社はリース物件を取り戻すことになるが、実質的な違いはなかろう（注27）。
イ 実務上の処理
　破産手続ではリース物件の継続使用の要請は少ないであろうが、営業譲渡を行う場合などについては、リース契約を営業の譲受人に引き継ぐ必要がある。破産管財人は営業継続の許可を取るとともに、リース債権者と連絡を取りながら、リース料について暫定的な取決めを行い、営業譲渡が実行される場合には新しい契約を譲受人との間で結ばせるようにすることとなろう。リース債権者にとってもこれは利益をもたらすと思われる（注28）。
　なお、継続使用しない場合には、実務上、リース会社がリース物件を引き揚げることを認めている。その根拠は、上述の通り、別除権の行使（別除権は、破産手続によらないで行使することができる。破産法65条）か、リース契約の解除に基づく取戻権の行使となろう。破産管財人の任意売却により、担保権を消滅させることも多い。リース債権者は、その担保価値と残リース債権額の差額があればこれを担保不足額として、債権届出をすることとなる。ここでも、リース物件の担保価値をいくらとみるのかという問題がある。
(4) 特別清算
　特別清算手続においても、担保権の行使は原則として制約を受けないことから、破産手続と同様、リース会社はリース物件を取り戻すことができるという前提で実務上処理されている（注29）。その根拠が解除に基づく取戻権の行使なのか、別除権の行使なのかについては明確でないようである。実際には、清算人の任意売却による方がリース会社にとって有利なことが多く、一定の弁済を受けることにより担保権を消滅させて任意売却に応じる事案が多い（注30）。他方、実際の事案では担保権者が特別清算手続の協定に参加

することが少なくないため、特別清算手続の協定がリース会社に対して拘束力を持つか、という問題が起こり得るが、東京地判平9.1.28（金商1038号11頁）は、別除権者に対する協定の拘束力を否定した（注31）。特別清算の規定は、会社法の制定過程で見直しがなされたが、「開始命令前」の担保権の実行手続の中止命令制度は採用されなかった（会社法516条参照）。

5　実務上の留意点

　倒産手続においてリース契約を取り扱う際の留意点については、上記の該当箇所で既に述べたが、実務上の留意点をまとめると以下の通りである。

　まず、会社更生手続においては、更生担保権の評価が大変難しい問題となる。事案に応じて様々な要素を総合考慮することとなるが、市場価格や予想処分価格等に関する客観的な資料を基に、債権者間の公平を害さない算定に努めなければならない。また、更生手続では解除特約の効力が否定されることを前提として、上記に述べた弁済禁止保全処分や中止命令との関係に留意されたい。更生手続中にリース期間が満了した場合の再リース請求権の有無については、判例上未だ明らかではないが、再リースの拒絶が権利濫用となる可能性も踏まえて、従来のリース料を基に一定の減額を加えた再リース契約やリース期間を新たに設定した新リース契約の締結、場合によっては代替物件でのリースというような和解的処理の道を探ることが望ましい。

　次に、民事再生手続においては、解除特約による解除の有効性や担保権の実行終了時期の問題について、議論が尽きない状況にある。解除特約の効力を一部制限する（前記平成15年東京地裁判決参照）、あるいは担保権の実行終了時期を遅らせるなど、その理論構成は多様であるが、再生のための必要性を重視する見解が示されていることに、十分留意されたい。一定のリース料の減額をした上で継続使用の合意をするという実務の処理は、両当事者にとってメリットがある場合が多いであろう。なお、運用上の解決として、再生手続開始申立てと同時あるいはその直後の、リース業者から解除通知が届く前の時点で中止命令の発令を求めることで、担保権が実行されない状態を確保することが提案されている（注32）。

最後に、破産手続においては、リース業者によるリース物件の引揚げへの協力が、管財人の主要な業務となろう。ただし、リース契約を第三者に引き継いだり、リース物件を任意売却することが、双方にとって利益となる場合もあるから、管財人としては、早期にリース業者と連絡を取り合い、そのような処理が可能かどうか検討するべきであろう。

(注1)　税務上の基準については法人税法施行令136条の3、法人税基本通達12章の5、会計上の基準については、「リース取引に係る会計基準」(平成5年6月17日企業会計審議会意見書) 参照。
(注2)　メインテナンス・リースとは、契約上、リース業者が物件の修繕・保守義務を負うとされているものをいい、自動車リースに多い。リース業者に債務不履行があれば、ユーザーは解除をなし得る。レバレッジド・リースとは、リース期間をリース物件の法定耐用年数より長く設定する点に特徴があり、投資家に節税効果をもたらすものである。セール・アンド・リースバックとは、ユーザー所有の物件をリース業者が購入し、直ちにリース契約によりユーザーに賃貸する取引をいう。オペレーティング・リースとは、これらの取引を総称する語として用いられるが、そのほかに、金融的側面の薄い、物件の利用を主たる目的としたリース取引を指す語としても用いられることがある。
(注3)　なお、反対説として、旗田庸「倒産手続におけるリース債権の取扱い」金法1680号16頁参照。
(注4)　福永有利「ファイナンス・リース契約と倒産法」判タ507号11頁。
(注5)　山本和彦「ファイナンス・リース契約と会社更生手続」NBL574号12頁。
(注6)　伊藤眞「ファイナンス・リース・ユーザーの会社更生手続における未払リース料債権の法的性質」金法1428号65頁。
(注7)　山本和彦「倒産手続におけるリース契約の処遇」金法1680号8頁。
(注8)　西岡清一郎ほか編『会社更生の実務 (上)』241頁〔佐々木宗啓〕。
(注9)　山本・前掲注7・12頁。
(注10)　福森亮二「更生手続開始とリース取引」判タ1132号111頁。
(注11)　沼尾均「民事再生手続におけるファイナンス・リース契約の取扱い」金法1706号11頁は、「収益還元法の対象となりにくい物件や残存リース期間がきわめて短期である場合をどのように評価するか」という問題のほか、収益の割付

の困難性を指摘している。福森・前掲注10・111頁は、収益割付の点に加え、収益算定の前提となる事業計画の前提条件の設定に幅があることを指摘している。

(注12) 事業再生研究機構財産評定委員会編『新しい会社更生手続の「時価」マニュアル』190頁は、ユーザーにとっての使用価値を中心に、当該物件の開始決定時点の減価償却計算後の簿価、予想処分価額、当該物件と同等のものの再調達価額等を総合的に考慮して算定するのが妥当としている。

(注13) 本間靖規「各種約款の倒産解除特約の効力」河野正憲＝中島弘雅編『倒産法大系』565頁。

(注14) 青山善充ほか編『倒産法百選』（別冊ジュリ163号）27頁〔三木浩一〕、竹下守夫「所有権留保と破産・会社更生（下）」法曹時報25巻3号448頁。

(注15) 非典型担保にも中止命令の規定が類推適用されるとする見解が多数説であると思われる（山本・前掲注7・12頁参照）。ファイナンス・リースにも類推適用の可能性を認めるべきとするものとして田原睦夫＝印藤弘二「ファイナンス・リースの担保権能に関する法律構成を示した東京地裁判決」金法1709号5頁。

(注16) 山本・前掲注7・13頁。

(注17) ただし、担保目的物の価額とは、その性質を異にする（西岡清一郎ほか編『会社更生の実務（下）』52頁〔村松忠司〕）。

(注18) リース業者への返還を認めることは、更生手続外でリース業者に担保権の実行を認めることにほかならないことを理由に、リース業者の返還請求権を否定する見解もある（田原睦夫「ファイナンス・リース契約と会社更生手続」金法1425号14頁）。

(注19) 西岡ほか編・前掲注8・243頁。

(注20) 福森・前掲注10・111頁。

(注21) ただし、この事件の事実関係からはこの部分は傍論である。

(注22) 上野正彦ほか編『詳解民事再生法の実務』369頁〔佐藤りえ子〕、井田宏「民事再生手続におけるリース料債権の取扱い－大阪地裁倒産部における取扱い及び関連する問題点の検討」判タ1102号4頁以下等。

(注23) その場合のリース物件は、「処分価額」で評価するとされており（民事再生規則79条1項）、会社更生と同様の問題がある。なお、担保権消滅請求の対象とすることには、倒産実務家の間にも消極説がある（田原睦夫「ファイナンス・リース契約の民事再生手続上の取扱い」金法1641号5頁）。

(注24) 藤澤治奈「民事再生手続におけるリース目的物返還請求権の法的性質」ジュリ1290号138頁。
(注25) 本論点については、徳田和幸「民事再生法上の担保権消滅請求とファイナンス・リース契約」法曹時報57巻6号1頁～19頁も参照。
(注26) 井田・前掲注22・7頁。
(注27) 田原睦夫「倒産手続と非典型担保の処遇」福永有利ほか『倒産実体法』(別冊NBL69号) 67頁。
(注28) 伊藤尚「継続的契約－原材料供給契約・リース契約の取扱い」全国倒産処理弁護士ネットワーク編『論点解説　新破産法（上）』166頁以下。
(注29) 松嶋英機「リース料債権と倒産法上の取扱い」ジュリ1036号32頁。
(注30) 久保田浩史「会社更生・会社整理・特別清算手続における担保権者の取込み」金商1060号19頁。
(注31) 阪口彰洋「特別清算手続への別除権者の参加と協定の拘束力」金商1060号84頁参照。ただし、リース会社の事案ではない。
(注32) 山本和彦「倒産手続における担保権の取扱い」事業再生と債権管理111号8頁。

(かたやま　えいじ／なかむら　のどか)

12 非典型担保
(2) 譲渡担保、所有権留保

弁護士　籠池信宏

1　はじめに

　譲渡担保、所有権留保その他の非典型担保は、財産上の権利（主として所有権）を法形式上担保権者が取得する形態を採り、民事執行法が定める担保権実行手続によらず、私的実行の方法により被担保債権の満足を得る点に特色を有する。

　倒産手続における非典型担保の取扱いは法文上明確化されておらず解釈に委ねられているところ、上記の非典型担保の性質から、取戻権が認められるか、別除権・更生担保権として処遇されるか、担保権消滅請求その他の担保権に関する規定が類推適用されるか、などの点が問題となる。

　さらに、今後、「動産及び債権の譲渡の対抗要件に関する民法の特例等に関する法律」（以下「動産・債権譲渡特例法」という）が定める動産・債権譲渡登記制度を利用した集合動産譲渡担保および集合債権譲渡担保の広範な活用が見込まれるが、これらの倒産手続上の取扱いに関しても多くの重要問題が含まれている。

　本稿では、譲渡担保、所有権留保の倒産手続上の取扱いについて概説するとともに、集合動産譲渡担保、集合債権譲渡担保にまつわる争点の所在と実務の動向を示すこととしたい。

2　譲渡担保

(1) 別除権・更生担保権としての処遇

　譲渡担保は、目的物の所有権を法形式上譲渡担保権者に譲渡する形態が採られることから、担保設定者に対して倒産手続の開始決定がなされた場合、

倒産手続上の譲渡担保権の取扱い、すなわち取戻権が認められるか、別除権・更生担保権として処遇されるかが問題となる。

かつては解釈が分かれていたが、現在では、担保権としての実体を重視し、倒産手続の開始決定時に実行を終えていない譲渡担保権は、倒産手続上、別除権または更生担保権として取り扱う解釈運用が定着している（注1）。

(2) 実行方法

譲渡担保権の実行は、目的物の所有権を担保権者が実質的に取得し清算する方式（私的実行）によって行われる。この場合の清算方法としては、帰属清算方式と処分清算方式の2種類の方法があり、譲渡担保権者はこれらの清算方法を選択し得ると解されている（注2）。帰属清算方式は、目的物を担保権者に帰属させた上で目的物の価額を適正に評価し、当該評価額と被担保債権の差額を清算する方法であり、処分清算方式は、目的物を第三者に処分し、換価金と被担保債権の差額を清算する方法である。

いずれの実行方法によったとしても、目的物の価額が被担保債権額を上回る場合には、その差額について常に清算を要すると解するのが確立した判例法理である（注3）。

(3) 実行手続の終了時点

譲渡担保権の実行手続が終了するまでは、その担保権としての性質上、設定者は被担保債権を弁済して目的物を受け戻すことができる（受戻権）。

この実行手続の終了時点をいつと見るべきかに関しては、清算金発生の有無および実行方法の別に応じて、①清算金の生じるケースについては、担保権者から設定者に対する清算金の支払時（帰属清算方式）、または、目的物の第三者への処分時（処分清算方式）とし、②清算金の生じないケースについては、担保権者が設定者に対して清算金の生じない旨を通知した時、または、目的物の第三者への処分時とする解釈がなされている（注4）。

上記の実行手続の終了時点において、目的物の所有権は担保権者または第三者に確定的に帰属することになる。したがって、倒産手続の開始決定時までに実行手続が終了していれば、もはや譲渡担保権等を別除権・更生担保権として取り扱う余地はない（注5）。この場合、担保権者または第三者は、

取得した所有権に基づいて取戻権を行使することができる。

3　所有権留保

（1）別除権・更生担保権としての処遇

　所有権留保においては、売買代金の完済時まで目的物の所有権を売主に留保する担保形態が採られる。このため、買主に対して倒産手続の開始決定がなされた場合、留保所有権者たる売主が取戻権を主張できるかが問題となるが、譲渡担保と同様に、別除権または更生担保権として取り扱う解釈運用が定着している（注6）。

（2）所有権留保売買に対する双方未履行双務契約の規定の適用の有無

　上記の点とも関連して、所有権留保売買については、双方未履行双務契約の規定（会社更生法61条、民事再生法49条、破産法53条）の適用の有無が問題となる。この点、目的物の登記・登録名義が売主に留保されている場合を除いては、売主側に積極的な履行義務が残存していないことから適用を否定するのが通説である（注7）。

（3）実行方法・実行手続の終了時点

　所有権留保売買における留保所有権の実行は、売主が約定に基づき売買契約を解除し、買主から目的物を取り戻して清算する方式によって行われる。この場合の清算方法、清算の必要性については、譲渡担保と同様に解される。

　実行手続の終了時点についても、譲渡担保と同様に解されるが、所有権留保の場合には、担保目的物の性質上、清算金が発生することは少ない。

4　各倒産手続における譲渡担保等の取扱い

（1）会社更生手続

a　更生担保権としての処遇

　会社更生手続上、譲渡担保権、所有権留保における留保所有権（以下併せて「譲渡担保権等」という）は、更生担保権（会社更生法2条10項、135条）として取り扱われる。したがって、譲渡担保権者等は、譲渡担保等の権利行使を制約され（同法47条1項）、更生担保権の届出をしなければならない（同

法138条2項)。更生担保権の届出をしなければ失権し、更生計画認可決定により担保権は消滅する(同法204条1項)。

　届出がなされた更生担保権は、更生担保権の調査・確定の手続を経る。そこでは更生手続開始の時における時価をもって担保目的物の価額が評価され、これによって担保された範囲のものが更生担保権として認められる(会社更生法2条10項)。

　確定した更生担保権は、更生計画による権利の変更を受け、更生計画の定めにより弁済を受けることとなる(会社更生法205条)。

　b　倒産解除特約の効力

　所有権留保売買においては、買主が倒産手続を申し立てた場合には、売買契約が当然に解除され売主において目的物の返還を求め得る旨の特約がなされる場合がある。これと同様に、集合債権譲渡担保においても、担保設定者の倒産手続の申立てにより、担保設定者は目的債権の回収権限を当然に喪失する旨の特約がなされる場合がある。このような倒産解除特約については、事業の維持更生を図ろうとする会社更生手続の趣旨、目的を害するものであるとして、効力を否定するのが通説・裁判例である(注8)。

　c　中止命令

　譲渡担保権等は、担保権の実行が私的実行の方法によりなされることから中止命令(会社更生法24条)の類推適用の可否が問題となる。

　この点、法的実行手続が観念できない譲渡担保権等への類推適用の困難性も指摘されているが、事業の維持更生を図るという会社更生手続の目的上、中止命令の類推適用を肯定する見解が多数である(注9)。また、登記型集合債権譲渡担保権の実行について中止命令を発した裁判例がある(注10)。

　d　保全処分

　動産・債権譲渡特例法に基づく譲渡担保権の行使等、少数特定の債権者による個別的権利行使を事前に禁止する必要がある場合について、会社更生法28条1項に基づき、特定個別の権利行使を禁止する保全処分の発令を認める実務運用がなされている(注11)。この運用は、後述の通り、会社更生手続上の集合債権譲渡担保の取扱いに重要な影響を及ぼすものである。

e　担保権消滅請求

　譲渡担保その他非典型担保に対する担保権消滅請求制度の類推適用の可否については、見解が分かれている（注12）。積極説は、会社更生法上、非典型担保は更生担保権として取り扱われることから、担保権消滅請求制度が類推適用されるとする。これに対し、消極説からは、登記・登録を要する非典型担保についての適用の困難性、配当手続に関する規定がないことによる問題等が指摘されている。理論的には、更生担保権として処遇する以上、譲渡担保権等を担保権消滅請求制度の適用除外とすべきではなく、可及的に類推適用を認める方向での運用が望まれる。

　なお、実務上は、担保権消滅の必要がある場合には、担保権者の同意を得て担保変換（会社更生法72条2項9号）による処理がなされることが多い。

　f　目的債権の第三債務者による権利供託

　債権譲渡担保において、第三債務者による権利供託を認める会社更生法113条の類推適用の可否が問題となるが、これを肯定するのが通説である（注13）。

（2）民事再生手続

　a　別除権としての処遇

　民事再生手続上、譲渡担保権等は、別除権（民事再生法53条）として取り扱われる。したがって、譲渡担保権者等は、会社更生手続とは異なり、原則として譲渡担保権等の権利行使について制約を受けない。

　別除権者は、別除権の行使により弁済を受けることができない債権の部分について再生債権者として権利行使することができ（民事再生法88条）、この場合には、再生債権の届出をすることが必要である。

　再生債権の届出を行った別除権者は、別除権不足額が確定した場合に限り、当該別除権不足額について再生計画の定めにより弁済を受けることができる（民事再生法182条）。

　実務上は、別除権者と再生債務者との間で担保目的物の評価額を合意確定する別除権協定を締結して、別除権不足額を確定する処理がなされることが多い。

b 倒産解除特約の効力

民事再生手続は、会社更生手続と同じく再建型の倒産手続であり、会社更生手続と同様の観点から、倒産解除特約の効力を否定するのが通説である（注14）。

c 中止命令・保全処分

再生のために必要な財産の確保という制度の趣旨から、会社更生手続と同様、譲渡担保権等についての類推適用は可能であると解される（注15）。ただし、会社更生手続と異なり、民事再生手続は原則として担保権の制約を予定していないことから、より厳格な要件が定められている（民事再生法31条）（注16）。

d 担保権消滅請求

会社更生法と同様、積極・消極の両説があるが、手続上の問題点はあるものの、担保権としての性質上、譲渡担保権等を担保権消滅請求制度の適用除外とすべきではなく、可及的に類推適用を認める方向での運用が望まれる（注17）。なお、民事再生手続は原則として担保権の制約を予定していない手続であり、担保権消滅請求の性質、要件も会社更生手続の場合とは若干異なっている点に注意を要する（注18）。

(3) 破産手続

a 別除権としての処遇

破産手続上、譲渡担保権等は、別除権（破産法65条）として取り扱われる。したがって、譲渡担保権者等は、原則として譲渡担保権等の権利行使について制約を受けない。

別除権者は、別除権の行使により弁済を受けることができない債権の部分について破産債権者として権利行使することができ（破産法108条）、この場合には、破産債権の届出をすることが必要である。

破産債権の届出を行った別除権者は、別除権不足額が確定した場合に限り、当該別除権不足額について破産配当を受けることができる（破産法198条3項）。

b　倒産解除特約の効力

　破産手続は、清算型の倒産手続であることから、特約の効力を否定する必要はなく、有効と解するのが通説である（注19）。

　　c　中止命令

　破産手続は、清算型の倒産手続であり、別除権の実行を中止する必要がないことから、中止命令の制度自体がない。

　　d　担保権消滅請求

　譲渡担保権等への類推適用の可否については積極・消極の両説がある。破産手続における担保権消滅請求制度は、担保目的物の任意売却を前提とし、担保目的物の適正価額での換価を確保することを目的としている。このような制度趣旨からは、別除権として処遇される譲渡担保権等を担保権消滅請求制度の適用除外とすべきではなく、理論上は、類推適用が認められるべきであると解される（注20）。他方、登記・登録の取扱い、配当方法等の手続上の問題点が指摘されており（注21）、今後の実務運用上の取扱いが注目される。

　　e　処分期間の指定、民事執行手続による換価

　破産管財人は、裁判所に対し、譲渡担保権者等が担保目的物の処分をなすべき期間の指定を求めることができ（破産法185条1項）、この期間内に処分をしないときは、譲渡担保権者等は処分権限を喪失する（同条2項）。

　また、破産管財人は、民事執行手続により別除権目的物を換価することができるとされており（自助売却権、破産法184条2項）、当該規定の譲渡担保権等への類推適用の可否が問題となる。担保権消滅制度と同様、登記・登録が譲渡担保権者に移転している担保目的物についての適用は事実上困難であるが、このような場合を除いては、類推適用が可能であると解される（注22）。

（4）特別清算手続

　特別清算手続上、譲渡担保権等は、原則として権利行使の制約を受けず、認可された協定による影響も受けない（会社法571条2項）。

　譲渡担保権者等は、担保権の行使により弁済を受けることができない債権の部分について協定債権者として権利行使することができる（会社法548条4

項、564条1項、567条)。

　担保目的物の処分期間の指定（会社法539条）、担保目的物の民事執行手続による換価（同法538条2項）の規定の譲渡担保権等への類推適用の可否は、破産手続に関して述べたところと同様に解される。また、破産手続にはない制度として、特別清算開始の命令があった場合においては、担保権実行について中止命令を発することができるものとされている（同法516条）。

5　集合動産譲渡担保の倒産手続上の取扱い

(1)　集合動産譲渡担保の概要

　集合動産譲渡担保は、動産の集合体を担保目的物とするものであり、在庫商品のように企業活動によって構成要素が変動する流動集合動産についても、その種類、所在場所および量的範囲を指定するなどの方法で目的物の範囲を特定することにより、1個の集合物として譲渡担保の目的とすることが認められている（注23）。

　集合動産譲渡担保の対抗要件としては、従来、占有改定の方法（民法183条）が用いられていたが、公示方法としての不十分性が指摘されていた。

　今般の動産・債権譲渡特例法は、新たに動産譲渡登記制度を創設することにより、民法の特例として登記による対抗要件の具備を認めるものである（動産・債権譲渡特例法3条1項）（注24）。したがって、今後は従来の占有改定の方法に加えて、動産譲渡登記の方法によっても集合動産譲渡担保の対抗要件を具備することが可能となる（注25）。

　集合動産譲渡担保の目的物を場所的範囲によって特定した場合には、登記後に保管場所に搬入された同種類の動産についても動産譲渡登記の効力が及び、登記の年月日に対抗要件が具備されたものとして取り扱われる（注26）。

　流動集合動産を目的物として譲渡担保権が設定された場合には、担保設定者は通常の営業の範囲内でその構成動産を処分することができると解するのが通説・裁判例である（注27）。

(2)　集合動産譲渡担保権の実行方法──集合物の固定化

　集合動産譲渡担保権は、譲渡担保権者が担保設定者に対し実行通知をなす

ことにより行われる。これにより、担保設定者は担保目的物の処分権を喪失するとともに、担保目的物たる集合物の流動性（構成要素の変動）が失われ、複数の個別動産譲渡担保に転化するものと解されている（集合物の固定化）(注28)。

なお、目的物を場所的範囲によって特定した場合に、固定化以降に保管場所に搬入された動産に対しては譲渡担保の効力は及ばないと解されている(注29)。

固定化後の譲渡担保権の実行方法は、個別動産譲渡担保権の場合と同様である。

（3）倒産手続における集合動産譲渡担保の実務上の取扱い

集合動産譲渡担保については、担保設定者の倒産手続に際して、集合物が固定化すると解するのが通説であり、遅くとも倒産手続の開始決定により担保目的物は固定化すると解されている(注30)。

この点、再建型の倒産手続では、事業の継続を図る上で、担保設定者において担保目的物である在庫商品等を営業の範囲内で処分する必要があるところ、固定化後はこれらの処分行為が制約される不都合が生ずる(注31)。

そこで実務上の取扱いとしては、管財人等と担保権者との間で、固定化した担保目的物につき管財人等の自由処分を認める代わりに、集合物に流入する資産について担保の存続を認め、将来にわたり一定の価額の資産を担保として確保する旨の和解的合意をなすことによる解決が図られることが多い(注32)。

6　集合債権譲渡担保の倒産手続上の取扱い

（1）**集合債権譲渡担保の方式と否認リスク**

集合債権譲渡担保の方式は、おおむね、①本契約・取立権付与型、②通知留保型、③予約型、④停止条件型、⑤登記型、に分類することができる（注33）。

このうち停止条件型については、最二小判平16．7．16（民集58巻5号1744頁・金法1721号41頁）により、支払停止等の危機時期が到来した後に行われ

た債権譲渡と同視すべきものであるとの理由から否認権行使の対象となることが明らかにされた。

前掲最高裁判決の論理は予約型にも及ぶものと解され、これに加えて、予約段階での対抗要件の具備を否定する最三小判平13.11.27（民集55巻6号1090頁・金法1634号63頁）（注34）を踏まえると、否認リスクは回避できないと解される。

通知留保型についても、譲渡担保権設定時に留保した対抗要件の具備を危機時期に行うという方式に照らせば、対抗要件否認のリスクを回避できないと解される。

本契約・取立権付与型については、最一小判平13.11.22（民集55巻6号1056頁・金法1635号38頁）により、譲渡担保権を設定した旨の第三債務者に対する通知が有効な対抗要件として認められていることから、否認リスクを回避できるものと解される。

登記型は、動産・債権譲渡特例法に基づく債権譲渡登記を利用する方式である。譲渡担保権者は、担保設定時に債権譲渡登記をなすことにより第三者対抗要件を具備し（動産・債権譲渡特例法4条1項）、譲渡担保実行時には第三債務者に登記事項証明書を交付して通知することにより債務者対抗要件を具備する（同法4条2項）。担保設定時に第三者対抗要件を具備しておく方式であるため、方式に伴う否認リスクはない。

（2）平成17年の動産・債権譲渡特例法の主な改正点

集合債権譲渡担保にまつわる平成17年の動産・債権譲渡特例法の主な改正点としては、①債務者が特定していない将来債権の譲渡についても、登記による第三者対抗要件を具備することが認められたこと（動産・債権譲渡特例法8条2項4号、動産・債権譲渡登記規則9条）、②将来債権を含む債権の譲渡については、譲渡に係る債権の総額が登記事項から除かれたこと（動産・債権譲渡特例法8条2項3号）、③登記事項の概要を譲渡人の法人登記簿に記録する方法が廃止され、新たに債権譲渡登記事項概要ファイルを設け（同法12条）、概要記録事項証明書等による開示の制度が創設されたこと（同法13条）が挙げられる（注35）（注36）。

このように債権譲渡登記制度に係る法整備がなされたことから、今後、集合債権譲渡担保の方式は登記型が主流となることが見込まれる。

（3）集合債権譲渡担保の会社更生手続上の取扱い

　　a　管財人等による集合債権譲渡担保の目的債権の回収の可否

　集合債権譲渡担保については、担保目的物の固定化の有無に関連して、会社更生手続上、保全管理人または管財人において当該債権を回収し、事業活動に利用することの可否が問題となる。

　集合債権譲渡担保の固定化を認める立場からは、担保権実行を制約する事実（注37）が生じたときは担保目的物たる債権が固定化し、固定化した既発生の債権につき管財人等は自ら回収その他の処分をすることができないとされる（注38）。

　これに対し、東京地方裁判所は、第三債務者に対する債権譲渡通知前に債権譲渡実行禁止の保全処分が発令されることを前提として、管財人等が集合債権譲渡担保の目的債権を回収し、事業活動に利用することを認める運用をしている（ただし、更生担保権の弁済が確保されることが明確に否定されるような場合等、実質的な担保権侵害を生ずるおそれがあるときは、回収債権を事業活動に利用することは相当でないとする）（注39）。

　実務の取扱いとしては、管財人等と担保権者との間で、管財人等による債権の回収を認める代わりに、回収債権の一部を預金として質権を設定するなど担保変換による和解的合意をなすことによる解決が図られるのが一般的である。

　　b　更生手続開始決定以降に発生した将来債権の取扱い

　次に問題となるのは、更生手続開始決定以降に発生する将来債権について集合債権譲渡担保の効力が及ぶか否かである。

　肯定説は、第三者対抗要件が具備されている場合には、譲渡担保権者は管財人に対しても譲渡担保権の効力を対抗することができ、更生手続開始決定以降に発生した将来債権にも譲渡担保権の効力が及ぶとする（注40）。

　これに対し否定説としては、①法的主体の相違に着目し、集合債権譲渡担保契約の実体法上の効果は管財人に及ばないとする説（注41）、②集合債権

譲渡担保の固定化を根拠として、固定化後に発生した将来債権には譲渡担保権の効力が及ばないとする説（注42）、③集合債権譲渡担保契約において担保権者が期待しているのは担保権実行時点での債権の残高であり、開始決定以降の将来債権については合理的期待があるといえないとする説（注43）、④開始決定時点の資産価値を利害関係人に適切に配分することによって更生会社の再建と関係人の利害調整を図るという会社更生法の目的を根拠とする説（注44）、が主張されている。

理論上難解な問題であるが、事業の維持更生という目的のもと担保権の行使を拘束する会社更生法の趣旨からは、上記④を根拠とする否定説が妥当と思われる（注45）。

c　更生担保権の評価

更生手続開始決定以降に発生した将来債権についても集合債権譲渡担保の効力が及ぶとする立場（ｂの肯定説）からは、開始決定時に存在した債権の価値に加え、更生会社において合理的事業活動を前提とした場合に将来発生するであろう債権の額からその債権を生み出すために必要とされる費用の額を差し引いたものに、債権の現在価値を算出するための割戻しを行い、当該更生担保権が把握している価値として評価すべきであるとされる（注46）。

これを否定する立場（ｂの否定説）からは、更生担保権の評価は開始決定時に存在する担保目的債権の価値に限定される（開始決定以降に発生した将来債権の価値を評価対象に含めない）こととなる。

なお、保全管理人と担保権者との間で回収債権の一部を預金として質権を設定するなど担保変換による和解的合意がなされていた場合には、当然、開始決定時に存在する当該代り担保も更生担保権として取り扱われる。

（4）集合債権譲渡担保の会社更生手続以外の倒産手続上の取扱い

　a　破産手続および特別清算手続

破産手続および特別清算手続は清算型倒産手続であり、通常、開始決定以降に将来債権が発生することはない。集合債権譲渡担保権者は、担保権行使についての制約を受けないため、通常の債権譲渡担保権の実行方法により、個々の目的債権の取立ておよび被担保債権への充当を行うことができる。な

お、この場合にも担保権者に清算義務があることはいうまでもない。

　b　民事再生手続

　民事再生手続は再建型倒産手続であり、開始決定以降に発生した将来債権の取扱いが問題となる。開始決定以降に発生した将来債権に集合債権譲渡担保の効力が及ぶか否かについては、会社更生手続と同様、議論が分かれるが（注47）、民事再生手続においては、担保権は別除権として処遇され手続的拘束を受けないことから、会社更生手続とは異なる観点からの考察が必要であると思われる（注48）。

　民事再生手続上の取扱いとしては、上記の点はいずれにせよ、集合債権譲渡担保は別除権として処遇されることから手続外で処理せざるを得ず、担保権者と再生債務者との間で別除権協定を締結して処理することとなる。

7　実務上の留意点

(1)　目的物の特定等

　平成17年改正の動産・債権譲渡特例法により、動産譲渡担保について動産譲渡登記制度が創設され、債権譲渡担保について債務者が特定していない将来債権の譲渡についても登記による第三者対抗要件を具備することが認められたことから、実務の運用としては、これらを利用した登記型の方式による担保の徴求が望まれる。

　ここで留意すべきは、登記の可否と担保権の実体法上の有効性とは必ずしも一致しないという点である。担保権が実体法上有効と認められるためには、担保目的物の特定性が備わっていることが必要とされるが、特定性が不十分であれば、たとえ登記が具備されていたとしても有効性が否定される場合がある。将来債権を譲渡担保の目的とする場合には、目的債権を譲渡人が有する他の債権から識別することができる程度に特定することが必要とされる（注49）。

　また、譲渡担保設定契約の内容について、譲渡人の営業活動等に対して社会通念に照らし相当とされる範囲を著しく逸脱する制限を加え、または他の債権者に不当な不利益を与えるものであるとみられるなどの特段の事情の認

められる場合には、公序良俗に反するなどとして、その有効性が否定される場合もある（注50）。

（2）真正譲渡性

資産流動化取引において、オリジネーター（流動化対象資産の原保有者）が倒産した場合には、オリジネーターの特別目的会社等に対する対象資産の譲渡が真正になされたものであるか否か（真正譲渡性）が問題となる。

真正譲渡性が否定される場合には、対象資産はオリジネーターに帰属するものとされ、特別目的会社等の権利は、対象資産を目的とした譲渡担保として取り扱われるため、更生担保権あるいは別除権として各種の倒産法上の制約を受けることとなる（注51）。したがって、真正譲渡性の検証は、資産流動化取引の実務上、きわめて重要である。

真正譲渡性の判断基準に関しては、様々な見解が主張されており定説をみないが、①被担保債権の存在を認定できるか否か、②譲受人による対象資産の処分に対する制約の有無、③譲渡人による対象資産の受戻権の有無、④譲受人の清算義務の有無、⑤対象資産の譲渡価額の適正性、等が主要なファクターとして考慮される（注52）。

資産流動化スキームの構築にあたっては、真正譲渡性が否認される要素を極力排除することが要請され、トゥルーセール・オピニオンの徴求等を通じて真正譲渡性の検証が行われる。

（3）管財人等との交渉

東京地方裁判所の運用による債権譲渡実行禁止の保全処分など、各種の保全処分が発令された場合には、その後の担保権の実行等について重要な制約を受けることとなる。担保権者としては、倒産手続に際して保全処分の発令の有無、内容を確認し、迅速に対応する必要がある。

倒産手続における譲渡担保の取扱いについては、前述の通り、法解釈が確立していない事項が少なからず存するため、実務上、管財人等と担保権者との間で、担保変換等を内容とした和解的合意がなされることが多い。

この場合、営業債権、在庫商品等の営業流動資産に係る権利関係を早期に確定し、債務者の営業活動の正常化を図ることは、担保物の価値を維持し回

収の極大化を図る上で、担保権者の利害にも合致するところであるから、かかる観点に立脚した迅速、柔軟かつ合理的な対応が要請される。

(注1) 会社更生手続について、最一小判昭41．4．28（民集20巻4号900頁・金法443号6頁）。民事再生手続について、園尾隆司＝小林秀之編『条解民事再生法』196頁。破産手続について、伊藤眞『破産法〔第4版補訂版〕』335頁。
(注2) 道垣内弘人『担保物権法〔第2版〕』318頁。
(注3) 最一小判昭46．3．25（民集25巻2号208頁・金法613号24頁）。
(注4) 道垣内・前掲注2・319頁。
(注5) 破産手続に関して、伊藤・前掲注1・355頁。
(注6) 会社更生手続について、兼子一監修『条解会社更生法（中）』514頁、大阪地判昭54．10．30（金法912号37頁）。再生手続について、園尾＝小林編・前掲注1・198頁。破産手続について、伊藤・前掲注1・330頁。
(注7) 会社更生手続について、東京地裁会社更生実務研究会『会社更生の実務（上）』261頁〔佐々木宗啓〕。民事再生手続について、園尾＝小林編・前掲注1・198頁。破産手続について、伊藤・前掲注1・331頁。
(注8) 所有権留保売買について、最三小判昭57．3．30（民集36巻3号484頁・金法1004号46頁）。集合債権譲渡担保について、東京地裁会社更生実務研究会・前掲注7・267頁〔真鍋美穂子〕。
(注9) 宮脇幸彦＝井関浩＝山口和男編『注解会社更生法』114頁〔春日偉知郎〕。
(注10) 東京地判平16．2．27（金法1722号92頁）は、熊本地方裁判所において「債権譲渡の対抗要件に関する民法の特例等に関する法律（平成10年6月12日法律第104号）第2条第2項所定の通知をする等の権利行使をしてはならない」との内容の中止命令が発令された事案に関するものである。
(注11) 西岡清一郎「会社更生法の運用の実情と今後の課題」事業再生と債権管理109号75頁、東京地裁会社更生実務研究会・前掲注7・109頁〔池下朗〕、三村藤明＝大島義孝＝井出ゆり「会社更生手続における集合債権譲渡担保とＡＢＬ（1）」ＮＢＬ820号38頁。
(注12) 伊藤眞＝松下淳一＝山本和彦編『新会社更生法の基本構造と平成16年改正』

（ジュリ増刊）102頁。
(注13)　伊藤ほか編・前掲注12・104頁。
(注14)　園尾＝小林編・前掲注１・199頁。
(注15)　中止命令について、園尾＝小林編・前掲注１・118頁。非典型担保に対する類推適用上の問題点について、伊藤眞編集代表『民事再生法逐条研究』（ジュリ増刊）48頁。
(注16)　担保権者に不当な損害を及ぼすおそれがないものと認められることが要件とされる（民事再生法31条１項）。
(注17)　伊藤編・前掲注15・134頁。
(注18)　伊藤・前掲注１・477頁。
(注19)　伊藤・前掲注１・332頁。
(注20)　伊藤・前掲注１・480頁、日本弁護士連合会倒産法制検討委員会編『要点解説・新破産法』89頁〔中井康之〕、全国倒産処理弁護士ネットワーク編『論点解説・新破産法（上）』59頁〔服部敬〕（同書は、破産法185条により担保権者の処分権原を喪失させてから担保権消滅請求を行う必要があるとする）。
(注21)　田原睦夫「担保権と破産財団及び配当手続」ジュリ1273号47頁、伊藤眞ほか「＜研究会＞新破産法の基本構造と実務（８）」ジュリ1300号78頁。
(注22)　田原睦夫「倒産手続と非典型担保権の処遇」福永有利ほか『倒産実体法』（別冊ＮＢＬ69号）72頁、斎藤秀夫＝麻上正信＝林屋礼二編『注解破産法〔第三版〕（下）』460頁〔斎藤秀夫〕。
(注23)　最一小判昭54．2．15（民集33巻１号51頁・金法894号40頁）、最三小判昭62.11.10（民集41巻８号1559頁・金法1186号５頁）。
(注24)　動産譲渡登記の対象は法人がする譲渡に限定されているが（動産・債権譲渡特例法１条）、目的物は個別動産か集合動産かを問わず、また、担保目的です譲渡にも限定されていない（したがって流動化・証券化目的による真正譲渡を含む）。以上について、植垣勝裕＝小川秀樹『一問一答動産・債権譲渡特例法〔改訂版〕』23頁、27頁、29頁参照。
(注25)　動産譲渡登記には「譲渡に係る動産を特定するために必要な事項」が記録されるが（動産・債権譲渡特例法７条２項５号）、これには、①動産の特質によ

って特定する方法と、②動産の所在によって特定する方法の2種類が設けられている（動産・債権譲渡登記規則8条1項）。詳細は、高山崇彦「「債権譲渡の対抗要件に関する民法の特例等に関する法律の一部を改正する法律」の施行に伴う関係政省令の改正の解説」金法1750号24頁、植垣＝小川・前掲注24・73頁参照。

（注26）　植垣＝小川・前掲注24・79頁。

（注27）　道垣内・前掲注2・333頁、植垣＝小川・前掲注24・81頁。最一小判平18.7.20（金商1248号22頁）。

（注28）　道垣内・前掲注2・336頁、高木多喜男『担保物権法〔第4版〕』373頁、田原・前掲注22・79頁、植垣＝小川・前掲注24・82頁。

（注29）　道垣内・前掲注2・337頁。

（注30）　事業再生研究機構編『更生計画の実務と理論』120頁。なお、固定化の時期に関しては説が分かれており、保全管理命令の発令時とする説（田原・前掲注22・79頁）、倒産手続の開始決定時と解する説（伊藤眞『債務者更生手続の研究』349頁、伊藤・前掲注1・340頁）がある。また、事業再生研究機構編・同書121頁は、包括的禁止命令などにより担保実行が禁止された場合には、その時点においても担保物が固定化するとしている。保全管理人の担保物処分による担保価値の減少を回避する必要があることなど、担保権者の保護を理由とする。

（注31）　事業再生研究機構財産評定委員会編『新しい会社更生手続の「時価」マニュアル』180頁。なお、後出の集合債権譲渡担保に関する東京地方裁判所の運用を踏まえると、譲渡担保権実行禁止の保全処分が発令された場合には、爾後の流入動産に担保の効力が及ぶことを前提として担保設定者による担保物の処分行為を認めるような、集合物が固定化しないものとして取り扱う解釈運用も議論の余地があるように思われる。かかる取扱いのメリットとしては、在庫商品の販売等が可能となることから、開始前会社において事業活動の継続性を保ち得る点が挙げられる。ただし、この場合においても、実質的な担保権侵害があってはならず、保全処分時の担保価値を減少させることのないような取扱いが求められる。

（注32）　事業再生研究機構編・前掲注30・121頁。

(注33) 各方式の具体的内容については、並木茂「債権譲渡人について支払停止または破産の申立てがあったことを停止条件とする債権譲渡契約にかかる債権譲渡と旧破産法72条2号による否認（上）」金法1747号72頁参照。

(注34) 同判決は、債権譲渡の予約につき確定日付ある証書により債務者に対する通知またはその承諾がされても、これをもって第三者に対抗することはできないとする。

(注35) 植垣＝小川・前掲注24・15頁。

(注36) 債権譲渡登記には「譲渡に係る債権を特定するために必要な事項」が記録される（動産・債権譲渡特例法8条2項4号、動産・債権譲渡登記規則9条）。この点についての詳細は、高山崇彦・前掲注25・26頁参照。

(注37) 事業再生研究機構編・前掲注30・120頁は、保全管理命令、包括的禁止命令、担保実行禁止保全処分、更生手続開始決定等がこれに該当するとしている。

(注38) 事業再生研究機構編・前掲注30・124頁。固定化の有無は、集合債権譲渡担保の法的構成とも絡む問題であるが、集合債権譲渡担保に関しては、集合動産譲渡担保とは異なり、集合物担保構成（担保の目的を一定の「価値枠」として捉える構成）を採る見解は必ずしも一般的ではなく、むしろ複数の個別特定債権を担保の目的として捉える見解が有力である（道垣内・前掲注2・343頁、河野玄逸「流動資産譲渡担保の管理・実行と法的留意点」金法1770号63頁）。後者の見解によれば、固定化の概念は用いられず、未発生の将来債権も含めて担保権の効力が及ぶものとされる。なお、集合債権譲渡担保の固定化を認める立場からは、担保目的物が固定化した後に発生する債権に対しては担保権の効力は及ばず、管財人等において当該債権を回収、利用することが可能であるとされる（後掲注42）。

(注39) 西岡・前掲注11・83頁、鹿子木康「東京地裁における会社更生事件の実情と課題」ＮＢＬ800号141頁、東京地裁会社更生実務研究会・前掲注7・266頁〔真鍋〕。

(注40) 前掲注39の各文献参照。ただし、この見解も、新たに発生する債権が、ＤＩＰファイナンス等他からの事業資金を原資とする場合には別途検討する必要があるとしている。

(注41) 事業再生研究機構編・前掲注30・125頁は、管財人等の事業活動により発生した将来債権は、債務者自身の事業活動により生じた債権ではないことから債権の発生原因を異にし、このため集合債権譲渡担保契約の実体法上の効果として担保の効力が及ばず、これは対抗の問題ではないとする。しかし、将来債権の処分の有効性を認める判例通説の解釈を前提とすれば、譲渡担保権者と管財人等との関係は、将来債権を目的とした処分行為としての譲渡担保設定契約による権利変動を譲渡担保権者が管財人等に主張できるかどうかの対抗問題であると理解される（坂井秀行＝粟田口太郎「証券化と倒産」『講座 倒産の法システム第4巻』160頁）。また、保全管理命令の発令ないし更生手続開始決定によって更生会社等の管理処分権限は管財人等に専属するが、これによって譲渡担保の目的たる債権の帰属主体自体が変わるわけではないから、管財人等の事業活動により発生する債権が当然に譲渡担保目的債権の範囲から外れるとする解釈も困難ではないかと思われる（東京地裁会社更生実務研究会・前掲注7・266頁〔真鍋〕）。

(注42) 田原・前掲注22・81頁。なお、前掲注38の通り、集合債権譲渡担保の法的構成とも絡んで、集合債権譲渡担保における固定化の有無については説が分かれている。

(注43) 事業再生研究機構財産評定委員会編・前掲注31・182頁。この見解は、集合債権譲渡担保について固定化の概念を用いずに、契約当事者の合理的意思に着目し、担保実行時点における債権残高についてのみ担保権の行使を認めるが、かかるアプローチは固定化を認める見解と方向性を同じくするものと理解される。

(注44) 事業再生研究機構編・前掲注30・125頁は、会社更生法は、開始決定時点における個別資産が持つ交換価値や収益価値を利害関係人に適切に配分することを会社再建の手段としており、開始決定時点に存する個別資産を超えた将来にわたる企業価値そのものを配分することは前提としていないとする。

(注45) 会社更生手続では、担保権も手続外での権利行使が許されず、更生担保権として更生計画に基づく権利の変更の対象となり（会社更生法205条）、更生計画によって担保権自体を消滅させることも可能とされる（同法204条1項）。こ

のような会社更生法に基づく手続的拘束を受ける更生担保権の処遇はその評価によって左右されることから、結局この問題は、将来債権を含む集合債権譲渡担保について更生担保権の評価をいかに行うか（将来債権に係る担保価値を更生担保権の評価に含めるか否か）という点に集約されるものと思われる。この点、会社更生手続は、本文②の見解の通り、開始決定時点の企業価値を踏まえて利害関係者の利害調整を図ろうとするもので、開始決定時に現存しない将来の担保目的物の価値まで更生担保権としての権利を保障するものではないと解される。これは、財産上の請求権のうち「更生手続開始当時更生会社の財産につき存する担保権」によって担保された範囲のものをいう、との更生担保権の定義（同法2条10項）によっても示されている。仮に、将来債権の価値を更生担保権として評価することになれば、更生会社は、財産評定上、開始決定時の企業価値を超える更生担保権等の負担を生ずる可能性もあり得ることとなるが、かかる財産評定をベースに策定を余儀なくされた更生計画では、関係人間の適切な利害調整を図ることは困難であり、更生会社の健全な事業再生を阻害するものと思われる。

（注46）鹿子木・前掲注39・142頁、東京地裁会社更生実務研究会・前掲注7・272頁〔真鍋〕。ただし、肯定説によるこのような更生担保権の評価のあり方については、担保権者が把握している担保目的物の資産価値を二重に評価することになるのではないかとの疑念がある。例えば、賃貸ビル等の収益不動産に抵当権設定がなされるとともに、当該収益不動産から生ずる将来の賃料債権が一括して集合債権譲渡担保の目的とされた場合において、不動産抵当権に係る更生担保権を当該不動産の時価に基づいて評価するとともに、集合債権譲渡担保権に係る更生担保権を将来債権の回収に基づく純収益ないしネットキャッシュフローの割引現在価値をもって評価するならば、後者は当該不動産の収益価格と理論上一致するため、同一の経済価値が更生担保権の評価において二重にカウントされることとなる。肯定説は、将来債権の経済価値が債権譲渡担保によって捕捉されていることを強調するが、将来債権の経済価値は未だ実現しているものではなく、開始決定時点では収益不動産の経済価値に含まれているものといわざるを得ない。開始決定日現在の財産の現況を基礎として行う更生担保権の

評価においては、否定説が妥当であると考える。

(注47) 田原・前掲注22・82頁は、開始決定により集合債権が固定化することを前提として、開始決定以降に発生する将来債権には譲渡担保権の効力は及ばないとする。

(注48) 担保権が別除権として処遇され手続的拘束を受けない民事再生手続においては、第三者対抗要件を具備している場合には、将来債権にも譲渡担保権の効力が及ぶものと考えざるを得ないのではないかと思われる。ただし、会社更生手続と同様、事業再生の観点からは、開始決定時点の企業価値をベースとした再生計画の策定が求められるところから、別除権協定等においても、かかる観点からの適切な利害調整が図られるべきである。

(注49) 最二小判平12．4．21（民集54巻4号1562頁）参照。

(注50) 最三小判平11．1．29（民集53巻1号151頁）。

(注51) 特に会社更生手続の場合には、担保権も手続外での権利行使が許されず、更生担保権として権利変更の対象とされることから、資産流動化取引に与える影響は重大である。なお、三村藤明＝大島義孝＝井出ゆり「会社更生手続における集合債権譲渡担保とＡＢＬ（2・完）」ＮＢＬ821号23頁以下において、会社更生手続におけるＡＢＬの処理に関する詳細な事例報告がなされている。

(注52) 藤原総一郎「法的倒産手続下における資産担保証券の取扱い」『企業再建の真髄』369頁、坂井秀行＝粟田口太郎・前掲注41・125頁、西村ときわ法律事務所編『ファイナンス法大全アップデート』336頁。

（かごいけ　のぶひろ）

条文索引

※条名表記の仕方は下記参照
（例）6②→第6条第2項

●破産法●

1·················88
2⑨············22, 84, 97, 109
2⑩·················22
18①················84
24················i, 3
33················68
34①②··············84
36·········12, 68, 88, 111
42①②··············151
53················172
65··········84, 165, 175
65①············3, 23, 109
65②············3, 23, 26
66①············12, 109
66②······110, 111, 120, 121
66③·········12, 108, 120
70················48
78①················88
78②··········23, 144, 151
78⑤············144, 151
98①②··············10
104················79
104③④············69, 73
108············27, 175
108①··········26, 27, 28
111②··············4, 27
113················69
117①················27
140①················27
141①················27
154················23
184②···i, 3, 9, 23, 25, 110, 154, 176
184③··········3, 25, 154
184④··············42
185············9, 23, 185
185①②··············176
186·······i, 2, 4, 13, 23, 24, 102, 111
186①······13, 142, 145, 146
186②············32, 142

186③···142, 143, 146, 149, 152
186④······142, 145, 146
186⑤··············142
187············13, 14, 143
187①··········144, 153, 154
188············13, 143, 144
188③⑤··············143
189················13, 14
189①···14, 143, 144, 149, 153
189②············143, 144
190················13, 143
190①··········14, 149, 152
190②··············14
190③·········14, 149, 153
190④············15, 149
190⑤·······15, 149, 152, 153
191················i, 13, 15
191①②··············144
192··········12, 109, 110, 120
192①②④············111
196③············2, 8, 61
198③············4, 28, 175
198④············2, 8, 62
210················66
210①················28
213················66
214①················28
258①················83
旧72················187
旧88···············3, 18
旧277··············27

●民事再生法●

31·········i, 23, 29, 90, 175
31①········3, 4, 29, 43, 184
39①··············112
39③··············68
41①···29, 71, 87, 112, 164
49··············172
49①··············162
53············29, 86, 123, 174

53①·········12, 70, 84, 113
53②············4, 84, 113
53③··············4, 30
54②············71, 87
85①②⑤············112
86②··············73
88···4, 5, 28, 30, 31, 32, 62, 70, 73, 174
92③··············48
93①········113, 117, 120
94②············5, 31, 62
101③················5
119··············164
121①··············71
122··············10
148·····i, 2, 4, 15, 90, 112, 114, 120, 163
148①······15, 86, 124, 128
148②③··········15, 125
148④⑤··············125
148⑥····8, 15, 62, 69, 70, 86
148⑦··············70
149··············15
149①··············125
150········15, 16, 90, 139
150①②··············125
150④⑤⑥··············126
151··············137
151①··············137
152··············15
152①············16, 126
152②··············126
152③············16, 126
152④··············126
153·········i, 15, 16, 126
153①··············114
160①··········5, 8, 31, 62
160②··········2, 8, 62, 73
165②············2, 73
182···32, 62, 72, 73, 87, 174
184············68, 70, 111
186③··············31
252⑥··············68

条文索引　191

●会社更生法●

1 ……………………160
2⑧ ……………………75
2⑩ ……5, 6, 12, 49, 56, 63, 75, 84, 91, 114, 115, 134, 159, 172, 173, 188
11① ………………51, 52
11② ……………………52
24 …………………160, 173
24① ……5, 43, 51, 160
24⑤ ……………………44
25 ……………………44
29 …………13, 116, 120
46 ……………………16
46② …………………131
47① ………5, 131, 172
48③ ……………………48
50① ……5, 44, 51, 74, 131, 159
50⑤ ……………………75
50⑥ ………5, 44, 51
50⑦ …………51, 74, 77
50⑨ ………………68, 74
51①② …………………77
61 …………………172
72② ………5, 51, 174
83 ……………………92
83② ……………………50
104 ……i, 2, 5, 51, 115, 120, 131, 160
104① …………………132
104② …………………133
104③ ……………………16
104④ ……………………17
104⑤ …………………133
104⑦ ……17, 64, 74, 75, 87
104⑧ ……………………75
105 ……………………17
105① …………………133
106 ……………………17
106①② ………………133
106⑤ …………………134
107④ ……………………8
108①③④ ………17, 134

108⑤ …………………134
109 ………i, 17, 116, 135
110 ………………17, 135
111 ……………………17
111① …………………136
112② …………………135
113 …………………10, 174
113①② …………………92
135 ………10, 79, 84, 172
138② ………………6, 52, 172
141 ……………………79
144 ………………6, 52, 115
145 ……………………52
146①③ …………………52
147／① …………………52
148 ……………………52
148① …………………53
150 ……………………50
150①③ …………………53
151／①②③④ …………53
152①②③④⑤⑥ ………54
153 ……………………50
153③④ …………………54
154②③⑤ ………………55
157 …………………53, 54
159 ……………………56
167 ……………………6, 57
167① …………………135
168① …………57, 58, 135
168③ ……………………10
184① ……………………57
189①② …………………57
191② ……………………54
192① ……………………54
196①② …………………57
196⑤ ………………57, 58
204① …6, 52, 58, 63, 78, 115, 173, 188
205 ……………173, 188
205① …………………133
208 ………………68, 74
254⑥ ……………………68
旧54 …………………131
旧63 …………………3, 18

●会社法●

20 ……………………121
515① ……………………11
516 ………6, 11, 166, 177
522② ……………………13
538 ……………………7
538② …………………176
539 …………………177
548④ …………………7, 176
564① …………………177
565 ……………………7
566 …………………7, 11
567 …………………7, 177
571② …………………176

●商法●

31 ……………………121
515 ……………………9
521 …………………107
557 …………………121
562 …………………121
589 …………………121
旧381 …………………20
旧431 …………………20
旧448② …………………11

●民事執行法●

53 …………………154
59① …………………154
59④ ……108, 111, 114, 118
63 ………………3, 25
82① …………………150
82② …………………151
93の4 ………………41, 45
111 …………………154
123①② …………………97
124 ……………107, 110
129 ………………3, 25
154 ……………………38
159③ ……………………38
160 ……………………38
163① …………………107
180 …………………154
181／① …………………109
188 …45, 108, 150, 151, 154

192 条文索引

190 ……………107, 109
190①……………11, 95, 111
190②……………11, 96, 97
192………………………97
193………………………101
193①………………38, 97
193②………………………38
194………………………38
195　……12, 108, 112, 113, 117, 120, 121
旧154……………………38
旧190………………11, 95
旧193①…………………38

●民法●

90 ………………………89
183………………………177
295………………………107
298①②…………………117
301………………………112
304………23, 29, 36, 40, 41, 42, 46, 84
304①……37, 38, 41, 95, 99, 100
311⑤………………………95
321………………………95
325………………………110
331………………………110
333………………………95
339………………………110
363…………………81, 82
364①………………………82
366…………………84, 88
371…………………42, 46
372…23, 29, 35, 36, 38, 39
374………………………46
375………………………41
378………………………26
379………………………3
398の3②…………………60
398の7……………………73
398の7①…………………79
398の19……………8, 74, 87
398の19②…………………79
398の20①……7, 60, 67, 70, 74, 86

398の20②……68, 69, 70, 74, 75
467………………………82

●動産・債権譲渡特例法●

3①………………………177
4①②……………………179
7②………………………185
8②……………83, 179, 186
8③………………………83
12………………………179
13………………………179
14……………81, 82, 83

判例索引

●最高裁・大審院●

大判　明40. 3. 12 …………45
最二小判　昭39. 12. 18……70
最一小判　昭41. 4. 14 ……97
最　一小判　昭41. 4. 28……184
最一小判　昭46. 3. 25……184
最一小判　昭54. 2. 15……185
最三小判　昭57. 3. 30
　………19, 91, 160, 184
最一小判　昭59. 2. 2
　………………47, 99, 103
最二小判　昭60. 7. 19……103
最三小判　昭62. 11. 10 …185
最三小判　昭63. 10. 18 …117
最一小判　平元. 10. 27
　………………35, 36, 138
最二小判　平7. 4. 14
　………19, 156, 157, 161
最三小判　平9. 2. 25………47
最二小判　平10. 1. 30 …37, 100
最三小判　平10. 2. 10 ……37
最三小判　平10. 3. 24 ……47
最一小判　平10. 3. 26 ……38
最三小判　平10. 7. 14
　………………109, 116
最三小判　平11. 1. 29
　………………87, 88, 190
最二小決　平11. 4. 16 ……84
最大判　平11. 11. 24 ……138

最三小判　平11. 11. 30……36
最二小決　平12. 4. 14 ……39
最二小判　平12. 4. 21 ……190
最二小決　平12. 4. 28 ……20
最三小判　平13. 3. 13 ……39
最一小判　平13. 10. 25……38
最三小判　平13. 11. 22 …179
最三小判　平13. 11. 27 …179
最三小判　平14. 3. 12 ……37
最三小判　平14. 3. 28 ……40
最三小判　平14. 9. 24 ……72
最二小判　平16. 7. 16 …18, 178
最二小決　平16. 10. 1 …20, 28
最三小判　平17. 2. 22 …47, 100
最一小判　平17. 3. 10……138
最一小判　平18. 7. 20 …18, 186

●高裁・地裁●

大阪地判　昭54. 10. 30 …184
福岡地裁小倉支判
　昭55. 9. 11 ……………84
東京地判　昭57. 7. 6………66
東京地判　昭57. 7. 13 ……75
大阪地判　昭57. 8. 9…98, 101
東京地決　昭60. 5. 17……108
名古屋地判　昭61. 11. 17…96
名古屋地判　平2. 2. 28 …163
東京高判　平2. 10. 25……161
東京地判　平9. 1. 28 ……166
東京地判　平9. 6. 19……7, 61
大阪地判　平9. 12. 18…84, 98, 101
東京高決　平10. 6. 12……118
東京高決　平10. 11. 27…110, 119
名古屋高判　平11. 7. 22…161
大阪高判　平11. 10. 14……29
東京地決　平12. 1. 20 …7, 61
大阪地決　平13. 7. 19
　…127, 158, 162, 163, 166
東京地判　平15. 12. 22
　……89, 127, 158, 163, 164
東京地判　平16. 2. 27……184
名古屋高決　平16. 8. 10…128
札幌高決　平16. 9. 28……139
東京高判　平16. 10. 19……85
東京高判　平16. 10. 27……85
大阪高決　平16. 12. 10……48

倒産手続と担保権

| 平成18年11月28日 | 第1刷発行 |
| 平成21年7月27日 | 第3刷発行 |

編 著 者　全国倒産処理弁護士ネットワーク
発 行 者　倉田　勲
印 刷 所　文唱堂印刷株式会社

〒160-0007　東京都新宿区荒木町2-3
発 行 所　社団法人　金融財政事情研究会
　編集部　TEL 03(3355)1758　FAX 03(3355)3763
販　売　株式会社　きんざい
　販売受付　TEL 03(3358)2891　FAX 03(3358)0037
　URL　http://www.kinzai.jp/

・本書の内容の一部あるいは全部を無断で、複写・複製・転訳すること、および磁気または光記録媒体、コンピュータネットワーク上等へ入力することは、法律で認められた場合を除き、著作者の権利の侵害となります。
・落丁・乱丁本はお取替えいたします。定価はカバーに表示してあります。

ISBN978-4-322-11000-5

金融実務の法律顧問
旬刊 金融法務事情

金融法務の最新情報を正確・迅速に紹介し、業務運営と事故防止のための適切な指針を提供。金融機関、弁護士、司法書士、不動産鑑定士、学者、ロースクール学生等、法曹関係者必携の法律実務情報誌。

全国主要書店でご購入いただけます／定価735円(税込)
直接申込定期購読もございます／年間購読料22,050円(送料・税込)

毎月5、15、25日発売・B5判・48ページ

新商業登記法に徹底対応!
月刊 登記情報

1961年7月創刊の登記・供託実務に関する専門情報誌です。新商業登記法、新不動産登記法、成年後見、個人破産、消費者問題、ADR、簡裁代理権、表示登記に関する記事等、司法書士・土地家屋調査士業務に役立つ情報も満載です。

直接申込制／年間購読料10,093円(送料・税込)
※登記情報は書店ではお求めになれません。
　直接㈱きんざいまでお申込み下さい。

毎月1日発行、B5判・120ページ

事業再生と信用リスク管理の実務指針
The Turnaround & Credit Management Quarterly
季刊 事業再生と債権管理

事業再生と信用リスク管理の実務に焦点を絞り、年4回発行しています。債権回収の極大化と事業再生実務のノウハウが満載されています。

全国主要書店でご購入いただけます／定価2,940円(税込)
直接申込定期購読もございます／年間購読料10,080円(送料・税込)

年4回(4/7/10/1月)
5日発売
B5判・160ページ

社団法人 金融財政事情研究会

お申込み先　㈱きんざい　書店販売 TEL 03(3355)2253　FAX 03(3358)0037
　　　　　　　　　　　　定期購読 TEL 03(3358)0019　FAX 03(3358)0036

新注釈 民事再生法

【上】第1条～第153条
【下】第154条～第266条

伊藤 眞・田原睦夫 [監修]
全国倒産処理弁護士ネットワーク [編]

上 A5判・上製・776頁・定価7,350円（税込⑤）
下 A5判・上製・620頁・定価6,300円（税込⑤）

倒産処理の基本法、待望の最新コンメンタール

◆ 会社更生法、破産法、会社法など一連の倒産法制見直しによる成果を集大成した「新生」民事再生法について、最新の理論・判例・実務運用を盛り込んで逐条解説。『注釈民事再生法【新版】』の成果を踏まえて、新たに書き下ろし。

◆ 倒産処理の現場における実務上の問題について、全国倒産処理弁護士ネットワークの気鋭の弁護士が、学者、裁判官とともに、理論的検証を踏まえつつ、各地裁判所の取扱状況をもとに合理的解決策を提示。

◆ 弁護士、金融機関・一般企業の債権管理担当者など倒産処理実務に携わるすべての実務家必携の書。